INHALT

Einleitung 7

Petrus – die Macht 13

Das Netz 47

Der Fels 61

Die Schlüssel 75

Das Wasser 91

Das Schwert 105

Der Thron 123

Die Hütte 139

Der Friede 153

Der Hahn 171

Der Wein 185

Das Kreuz mit der Macht 203

Anmerkungen 207

Manfred Josuttis

PETRUS, DIE KIRCHE UND DIE VERDAMMTE MACHT

Kreuz Verlag

Die Deutsche Bibliothek – CIP-Einheitsaufnahme

Josuttis, Manfred:
Petrus, die Kirche und die verdammte Macht / Manfred
Josuttis. – 1. Aufl. – Stuttgart: Kreuz-Verl., 1993
   ISBN 3-7831-1233-8

© by Dieter Breitsohl AG
Literarische Agentur Zürich 1993
Alle deutschsprachigen Rechte beim Kreuz Verlag Stuttgart
1. Auflage
Kreuz Verlag Stuttgart 1993
Umschlaggestaltung: Jürgen Reichert, Stuttgart
Gesamtherstellung: Clausen & Bosse, Leck
ISBN 3 7831 1233 8

EINLEITUNG

In der Kirche herrscht die Angst vor der Macht. Viele Phantasien und Gefühle, die das christliche Bewußtsein in früheren Zeiten mit der Sexualität verknüpft hat, sind gegenwärtig in diese Lebenssphäre herübergewandert. Macht ist schmutzig und wirkt deshalb unrein. Macht ist vom Übel und muß deshalb möglichst gemieden werden. Kindliche Unschuld, ehemals durch sexuelle Reinheit charakterisiert, stellt sich vielen Eltern heute als Machtlosigkeit der Kleinen dar. Edel, hilfreich und gut ist im Kern nur ein Mensch, der auf Macht verzichtet. Und wer sich, weil es anders nicht geht, in Machtpositionen begibt und auf Machterfahrungen einläßt, darf dabei auf keinen Fall Lust empfinden.

Diese Angst vor der Macht ist ehrenwert und verständlich. Die Geschichte lehrt, wie mörderisch Macht unter Menschen gewütet hat, auch in unserem aufgeklärten Jahrhundert und gerade im Vaterland der Dichter und Denker. Die Gegenwart macht offenbar, wie destruktiv wirtschaftliche und politische Machtpotentiale wirken: Armut, Hunger, Arbeitslosigkeit wachsen, die Natur wird zerstört, die Lebenschancen künftiger Generationen werden in jeder Hinsicht belastet. Und auch die Kirche ist im Umgang mit Macht nicht viel humaner verfahren. Diktaturen wurden und werden als Obrigkeit Gottes legitimiert. Juden, Ketzer, Hexen wurden verfolgt und vernichtet. Mitarbeiter /

7

innen werden bis heute wegen abweichender Moralvorstellungen aus dem kirchlichen Dienst entlassen. Das Leben vieler Männer und Frauen ist durch die »Gottesvergiftung« (T. Moser) in seiner vitalen Entfaltung gehemmt.

Macht, die so viele Menschen zu einem unerträglichen Leben oder sogar zum Sterben verdammt hat, scheint selber verdammenswert. Wer wirklich Mensch bleiben will, darf sich hier die Hände nicht schmutzig machen. Ja er kann sich, indem er sich von diesem Lebensbereich distanziert und andere wegen ihres Machtgebrauchs kritisiert, sehr schnell und andauernd ein Gefühl der Überlegenheit schaffen. Angst vor der Macht und Verachtung der Macht ergeben dann einen pubertären Pharisäismus, den man bis ins Alter hinein retten kann.

Daß der jugendbewegte Traum von einer machtfreien Welt schwer zu realisieren ist, erleben die meisten beim Eintritt in die Berufs- und Familienwelt. Wer einst gegen elterliche Autorität opponiert hat, muß nun selber Kinder erziehen und dabei entdecken, daß schon Babys sehr mächtig sein können. Und sobald man im beruflichen Feld die Rolle des/der Vorgesetzten zu spielen hat, ist die einfache Ablehnung von Strukturen, die Über- und Unterordnung enthalten, nicht möglich. Aber wie kann man das – guten Gewissens Macht ausüben? Was im begrenzten Bereich von Familie und Beruf noch tolerabel erscheint, ist das nicht mindestens in den großen Institutionen von Wirtschaft, Staat und Kirche höchst problematisch? Und muß nicht gerade der Glaube um der Liebe zu allen Menschen willen darauf dringen, daß Machtpositionen beseitigt, Herrschaftsansprüche abgebaut, Abhängigkeitsverhältnisse aufgelöst werden? In der biblischen Tradition gibt es viele Gestalten, an denen man die Problematik von Macht studieren kann. David, im Namen Gottes zum König Israels gesalbt, ist in dieser Position zum Ehebrecher und Mörder geworden. Die Hure Babylon, für die Apokalypse wahrscheinlich Repräsentantin der Weltmacht Rom, wird am Ende der Zeit mit ihrem ebenso verführerischen wie gefährlichen Machtgepränge dem Lamm Gottes weichen müssen. Und Jesus selbst, der Sohn Gottes, hat zwar einerseits die totale Ohnmacht des Kreuzes erlitten, er ist aber andererseits auch durch Gottes Kraft zum Herrn aller Herren erweckt.

Weil dieses Buch sich an Menschen wendet, die allenfalls im begrenzten Kreis von Beruf und Familie über Möglichkeiten aktiver Einflußnahme auf andere verfügen, sollen die Fragen, die sich dabei ergeben, anhand des Petrus erörtert werden. Ein einfacher Kleinunternehmer, der in den Bannkreis Jesu geraten war, wurde nach dem Tod des Meisters zum Führer der ersten Gemeinde und im Lauf der Kirchengeschichte immer mehr zum Repräsentanten von kirchlicher Macht, ihrer Schwierigkeiten und ihrer Chancen. Dieser Mann wurde durch die Begegnung mit Jesus unvermeidlich in Machterfahrungen verwickelt. An seine Gestalt haben sich immer wieder religiöse Machtphantasien geheftet. In der assoziativen Auseinandersetzung mit ihm kann man heute die individuelle und kollektive Angst vor der Macht ein Stück weit klären. Die kritischen Meditationen, die sich auf diese Gestalt und ihre Wirkungsgeschichte beziehen, sind in erbaulicher Absicht geschrieben.

Es liegt auf der Hand, daß gerade der Protestantismus im Umgang mit Macht immer besondere Schwierigkeiten gehabt hat. Die Gestalt des Petrus hat Luther zwar positiv interpretiert, er hat den Apostel als Vorbild des Glaubens betrachtet und nicht als Garanten einer herrschsüchtigen Institution. Im Glauben können wir alle den Namen dieses

Mannes übernehmen, sagt er in einer Predigt: »Also sollen wir auch billich Petri hayssen, das ist felßen, daß wir den Fels Christum erkennen« (WA 10/III, 213).

Auf der anderen Seite haben Luther und die Seinen aber die Kirche von allen Machtstrukturen reinigen wollen. »Die Christliche Kirche hat keine Macht«, heißt es in einer Thesenreihe an zahlreichen Stellen (WA 30/II, 424f.). Das bezieht sich in diesem Zusammenhang darauf, daß die Kirche gegenüber den Christen keine neuen Glaubensartikel und Sittengesetze erlassen darf. Aber das Machtverbot, das kirchenintern herrschen soll, ist auf diesen Bereich nicht beschränkt. Auch in den zwei wesentlichen Dimensionen ihrer Außenbeziehung muß die Kirche nach Meinung der Reformation auf jedes Machtgehabe verzichten. Weder darf sie sich durch magische Praktiken Gottes bemächtigen wollen, noch darf sie sich voll klerikaler Anmaßung in die Entscheidungen und Streitigkeiten der weltlichen Machthaber einmischen.

Für Luther hat die christliche Kirche keinerlei Macht, weder Gott noch ihren Mitgliedern noch der Gesellschaft gegenüber. Macht ist der Kirche verboten. Macht ist Gott vorbehalten und durch Gott an irdische Machtträger verliehen. Aber alle internen und externen Lebensbezüge der Kirche selbst müssen im Kern machtfrei gehalten werden. Daß dieses prinzipielle Postulat der Reformation angesichts der gesellschaftlichen Gegebenheiten und der psychischen Strebungen nicht konsequent realisiert werden konnte, ist zu verstehen. Verständlich ist aber auch, daß der Protestantismus im Gefolge Luthers beim innerkirchlichen Umgang mit Macht immer große Probleme gehabt hat.

Heute stellt sich die Machtfrage neu. Im Zeitalter der Lebensgefahr wird offensichtlich, daß unsere Gattung »zu

Lande, zu Wasser und in der Luft« einen globalen Feldzug führt, der unaufhaltsam (?) die Schöpfung Gottes vernichten wird. In vielen Religionen, im Islam, im Judentum, aber auch unter Christen, weiten sich Strömungen eines Fundamentalismus aus, der in rigider, militanter Manier die schädlichen Wirkungen des modernen Denkens zurückdrängen möchte. Der konsumtive Lebensstil in den reichen Ländern, aber auch das Dahinvegetieren in der Armutswelt befördern eine Lebenshaltung der Passivität und der Lethargie, die alles mit sich geschehen läßt, weil man sich selbst als ohnmächtig und abhängig ansieht.

Der Wille zur Macht ist der Wille zum Leben. Nur eine Kirche, die ihre Angst vor der Macht überwindet, kann selber lebendig sein und sich am Kampf um die Rettung des Lebens beteiligen. Petrus und sein Machtpotential sind heute neu zu entdecken!

Hildegunde Wöller und Wolfgang Teichert haben mich zu diesem Buch animiert. Joachim Thieme-Kschamer hat mir beim Lesen der Korrekturen geholfen. Ich danke!

M. J.

PETRUS — DIE MACHT

Petrus hat nach 2000 Jahren Kirchengeschichte Angst vor der Macht. Die Diskrepanz zwischen seinem Gottesbild und der politischen Wirklichkeit erscheint ihm so riesig, daß er von der Macht Gottes gar nicht mehr reden mag.

Petrus steht heute im Sumpf seiner Ohnmacht, die er bestenfalls ideologisch dadurch verdrängen kann, daß er sich auf den Willen Gottes beruft.

Petrus darf selbst dann, wenn er alt geworden ist, die verdammte Macht nicht sich selbst überlassen. Sonst wirkt seine Angst als Prophezeiung, die sich selber erfüllt. Ohne den Kontakt mit dem Heiligen geht die unheimliche Macht zum Teufel.

I.

Eine frühe Ikone aus dem Sinai-Kloster, die wahrscheinlich im 6. Jahrhundert entstanden ist, zeigt den Apostel Petrus (s. S. 15). Das Kreuz und die Schlüssel, die er in seinen Händen trägt, treffen sich am unteren Bildrand, in der Nähe des Nabels. In dem Winkel, den sie nach oben bilden, präsentiert sich eine Gestalt von herrscherlicher Attitüde, aufrecht die Haltung, konzentriert der Gesichtsausdruck, durchdringend der seitlich am Betrachter vorbeizielende Blick. Entscheidend für die ikonographische Interpretation sind die drei Weiheschilder, die den oberen Bildrand begrenzen und in der Mitte Christus, daneben Maria und einen anderen Apostel in Idealporträts präsentieren. Durch diese Anordnung übernimmt die kirchliche Kunst eine kompositionelle Konvention aus dem staatlichen Bereich, die in entsprechender Weise den Konsul, den regierenden Stellvertreter des Kaisers, dargestellt hat. »So vertrat der Konsul den Staat im Namen des Kaisers, wie Petrus im Namen Christi die Kirche auf Erden.«[1]

Die darstellende Kunst hat die Petrus-Gestalt von Anfang an als Repräsentanten von Macht charakterisiert.[2] Das betraf die Typisierung seiner Person. Das zeigte sich in der Art, wie seine soziale Funktion durch das Verhältnis zur Herrschergestalt des auferstandenen Christus wiedergegeben wurde. Das ermöglichte schließlich die Übernahme von Haltungen, Gesten und Insignien, die in der Bildersprache der Kaiserideologie staatliche Macht vor Augen führten. Petrus, der starke Mann, der Stellvertreter Christi auf Erden, ausgestattet mit der Schlüsselgewalt für die himmlische Welt.

Ganz anders scheint das Bild des Apostels zu sein, das

ein biographischer Roman in der Gegenwart zeichnet. Petrus, der Gegenspieler des Paulus, wird durch eine andere Eigenschaft charakterisiert: »Simon... war eigentlich schon immer alt gewesen. Niemand kann sich den berühmtesten Fischer aller Zeiten als jungen Mann vorstellen, der mit elastischen Gelenken in sein Boot springt, um in den Sonnenaufgang über den See Tiberias zu fahren und sein täglich Brot mit Fischen zu verdienen.«[3] Auch dieser Alte ist machtbewußt. Er hat sich ja gegen Konkurrenz in der Gemeindeführung durchgesetzt. Er wirkt wach und konzentriert, wenn es um Streitfragen geht. Auf seinen Reisen spielt er den Kinderfreund. Gegen alle Kritik, die er freilich zum Teil gar nicht versteht, macht er nachdrücklich geltend, daß der irdische Jesus ihn als einen der ersten berufen und daß der Auferstandene ihm als erstem erschienen ist. Aber den Herausforderungen der neuen Zeit zeigt sich dieser teils derbe, teils lebenslustige Alte nicht mehr gewachsen. Und im Gespräch mit Paulus scheint er die Grenze zur Senilität schon überschritten zu haben. »Er hörte einfach nicht zu. Fiel seinem Gast ins Wort, um Lobeshymnen auf den Wein zu summen, den er in seinen Kellern lagerte. Kicherte, röchelte. Das merkwürdigste war, daß er ein paarmal von einer Sekunde auf die andere in Morpheus' Arme sank... sofort wurde auch ein leises, rasch lauter werdendes Schnarchen vernehmbar, das seinem Gesprächspartner signalisierte, die Säule sei im Moment durch gar nichts mehr zu erschüttern.«[4]

Petrus – zwei Bilder, zwei Welten. Die Darstellung des Mannes hat sich verändert, weil sich das Verständnis, die Einschätzung von Macht gewandelt hat. Nur ein Alter kann sie noch repräsentieren, der die Mitte und den Höhepunkt seines Lebens längst überschritten oder auch niemals erreicht hat. Macht in der Kirche lebt nicht aus der Gegenwart des auferstandenen Herrn, sondern nährt sich aus umstrittenen Traditionen. In einer Mischung von Bauernschläue und Starrsinn, mit manchmal auch zwielichtigen Methoden, wird sie verteidigt, ohne daß vernünftige Argumente und einleuchtende Strategien zu ihrer Begründung angeführt werden. Macht, das ist in diesem Verständnis ein uraltes Erbe, das nicht dem Leben dient, sondern an der Grenze des Sterbens dahinvegetiert. Macht ist alt, Macht muß aussterben, weil sie die Zeichen der Zeit nicht versteht und durch die Fixierung auf die Vergangenheit die kreativen Prozesse der Lebensentwicklung erstickt.

II.

Wer ist Petrus? Was ist Macht? Bevor wir dieser Frage in einzelnen Sätzen und Szenen der neutestamentlichen Überlieferung nachgehen können, müssen wir die Problemstellung noch etwas breiter entfalten. Wir müssen zu klären versuchen, welche unterschiedlichen Modelle die Petrus-Macht, also die Kombination von Macht und Religion, in Geschichte und Gegenwart aus sich entlassen hat. Und wir müssen die aktuelle Infragestellung von Macht, die aus verschiedenen Richtungen kommt, genauer betrachten.

Die Macht der Herrscher

Ernst H. Kantorowicz, ein jüdischer Historiker, der 1938 nach England und von da aus in die USA emigrierte, hat nach Kriegsende ein bedeutendes Buch mit dem merkwürdigen Titel »Die zwei Körper des Königs« veröffentlicht. Er untersucht darin die Anschauung der englischen Kronjuristen zur Zeit Elisabeths I., wonach sich in der Gestalt des Königs eine doppelte Person verkörpert, die eine menschlich, die andere göttlich, die eine sterblich, die andere unsterblich. Diese Königsidee, die in Varianten das ganze Mittelalter durchzieht, wirkt, wenn auch in säkulierter Form, in all jenen Denkmustern nach, in denen Staatsgewalt nicht durch funktionelle Überlegungen legitimiert, sondern auch durch metaphysische Begründungen glorifiziert wird. Ein unbekannter normannischer Autor drückt um 1100 diese Herrscherverehrung folgendermaßen aus: »Die Macht des Königs ist die Macht Gottes. Diese Macht ist nämlich Gott von Natur aus zu eigen, dem König aber durch die Gnade. Somit ist auch der König Gott und Christus, aber nur durch die Gnade, und was immer er tut, tut er nicht einfach als Mensch, sondern als jemand, der durch die Gnade Gott und Christus geworden ist.«[5] Immer wieder wird deshalb die Lehre von den zwei Naturen, die das kirchliche Dogma für Jesus Christus entwickelt hatte, auch auf den Herrscher angewandt: »Der König ist ein Doppelwesen, menschlich und göttlich, genau wie der Gottmensch, wenn auch der König nur durch die Gnade und in der Zeitlichkeit von zweifacher Natur ist, nicht von Natur aus und (nach der Himmelfahrt) für die Ewigkeit: der irdische König *ist* keine Doppelperson, er *wird* dazu durch Salbung und Weihe.«[6] Diese Doppelnatur gilt, wie es der mittelalterliche Rechtsphilosoph Henry of Bracton dargelegt hat, auch für die Stellung des Königs gegenüber dem Gesetz: »Er steht gleichzeitig gottähnlich *über* dem Gesetz, wenn er Recht spricht, Gesetze gibt und auslegt, und wie der Sohn und jeder andere Mensch *unter* dem Gesetz, weil auch er dem Gesetz unterliegt.«[7] Auf den ersten Blick wirkt eine solche Königsideologie auf moderne Menschen sehr fremd. Kaum ein staatliches Herrschersystem wird sich heute noch so direkt auf den Willen Gottes berufen. Wer etwas genauer hinschaut und etwas länger nachdenkt, wird freilich auch Gemeinsamkeiten mit dem heutigen Denken entdecken. Macht, von Menschen über Menschen geübt, scheint auf jeden Fall begründungsbedürftig zu sein. Sie ist von heiliger Qualität, bedrohlich und gefährdet zugleich, und muß deshalb dem Herrschenden verliehen sein, entweder von Gott, von der Vorsehung oder vom Volk.

Im Zusammenhang mit ihrer Begründungsbedürftigkeit steht auch ihre Rechtmäßigkeit immer erneut zur Debatte.[8] Ist sie legitim erworben? Wird sie legal verwaltet? Durch welche Satzungen ist sie begrenzt? Und selbst in Situationen, in denen es zum Widerstand gegen die Staatsgewalt kommt und um die Durchsetzung demokratischer Verfassungsstrukturen geht, wird die Opposition gegen die vorhandene Macht, wie Kirchenkampf und Befreiungstheologien beweisen, auch durch religiöse bzw. theologische Überlegungen sanktioniert.

Macht scheint so unheimlich zu sein, daß man zu ihrer Begründung wie zu ihrer Begrenzung immer wieder religiöse Argumente ins Feld führen muß. Die Macht der Herrschenden ist nur erträglich, wenn sie zur Macht Gottes in Beziehung gesetzt wird. Die Herrschenden berufen sich auf die Einsetzung Gottes, um ihre Position gegenüber den Beherrschten zu legitimieren. Die Beherrschten nehmen die Macht Gottes in Anspruch, um ihrer Opposition ein Rechtsfundament zu geben.

Daß Repräsentanten von Macht mit der Aura des Heiligen umgeben werden, zeigen nicht nur die byzantinischen Kaiserbilder, sondern auch jene Aussagen der Ethologie, in denen zur Kennzeichnung der charismatischen Führerpersönlichkeit Begriffe der Religionsphänomenologie verwendet werden.[9] Petrus, der Repräsentant göttlicher Macht, wirkt in einer Lebenswelt, in der Macht in vielerlei Formen göttliche Attribute zugeschrieben erhält. Macht unter Menschen ist ein derart unheimliches Phänomen, daß sie immer wieder mit der Macht des Heiligen verknüpft werden muß. Macht ist faszinierend. Durch die Berufung auf Gott schützen sich die Herrscher vor dem Angriff derer, die sich diese attraktive Position ihrerseits aneignen wollen. Macht ist erschreckend. Durch die Bindung an Gott soll dafür gesorgt werden, daß die Machtausübung auch den Beherrschten zugute kommt.

Die Macht in der Kirche

Die heilig-unheimliche Qualität von Macht unter Menschen kann so eingefangen werden, daß sie in einem Zwei-Naturen-Modell dem irdischen Machthaber zugeschrieben wird. Er ist dann menschlich und göttlich zugleich. Diese heilig-unheimliche Qualität kann aber auch so organisiert werden, daß sie auf zwei soziale Rollen verteilt wird. Beide sind sie von den Göttern gestiftet. Aber in der einen Position wird vornehmlich die politische, in der anderen vor allem die religiöse Dimension von Macht verwaltet. Im Gegenüber von Häuptling und Medizinmann, von König und Priester, von Kaiser und Papst, von Bürgermeister und

Pfarrer begegnet diese Rollenverteilung durch die Geschichte bis in die Gegenwart. Geregelte Kooperation, aber auch permanente Konflikte sind bei dieser Konstellation in vielen Varianten möglich.

Wenn politische und religiöse Gemeinschaft nicht mehr zusammenfallen und wenn sich in der religiösen Gruppe selber Machtpositionen entwickeln, dann entsteht eine kirchliche Hierarchie, die sich ihrerseits auf göttliche Stiftung beruft und im Protestfall mit biblischen Argumenten bekämpft wird. Man kann die Probleme, die sich in diesem Zusammenhang stellen, besonders gut bei E. Drewermann und seinem Buch über »Kleriker« studieren.

Macht, wie sie in der römisch-katholischen Kirche ausgeübt wird, ist nach Drewermann deshalb besonders bedrohlich, weil »ein politisches System, selbst wenn es, wie der Bolschewismus eine Zeitlang, sich mit dem messianischen Anspruch einer Ersatzreligion umgibt, niemals über die Macht verfügt, die Person des Einzelnen bis in ihre geheimsten Gefühle hinein zu dirigieren«.[10] Da Religion in den meisten Fällen nicht nur das äußere Verhalten der Menschen reguliert, sondern tief in ihren personalen Kern hineinwirkt, ist das Machtpotential, das hier zur Verfügung steht, besonders gewaltig. An vielen Beispielen kann Drewermann zeigen, wie im Verhältnis zwischen Vorgesetzten und Untergebenen »die Autorität Gottes, der innerlich, zum Herzen des Menschen redet, durch die äußere Autorität von Papst und Kirche ausgetauscht wird«, und das bedeutet zugleich, daß »von dem weiten Spektrum menschlicher Beziehungen... nur eine einzige Form der Beziehung übrig(bleibt): die Korrespondenz von Befehl und Unterwerfung, das Ritual von Herr und Knecht«.[11] Das bündelt sich zu dem gravierenden Vorwurf: »Tatsächlich verfügt die katholische Kirche seit Jahrhunderten in diesen Praktiken des Machterhalts durch die Entpersönlichung der Umgangsformen, durch die systematische ›Verdunkelung‹ des Vorgesetzten sowie durch ein ausgeklügeltes System der Geheimhaltung und der Angstverbreitung über so viel Erfahrung wie keine andere politische Behörde der Welt.«[12]

Welche Beschädigungen institutionelles Machtverlangen beim Individuum auslösen kann, zeigt sich besonders klar bei der Forderung nach Gehorsam, der neben Armut und Keuschheit für die kirchliche Frömmigkeitstradition den Inhalt der sog. evangelischen Räte bildet. Wer sich diesem Gebot unterwirft und auf den eigenen Willen verzichtet, gerät mehr und mehr in ein »System verinnerlichter Außenlenkung«[13], wird fremdbestimmt, gruppenabhängig und mit andauerndem Schuldbewußtsein belastet. Eigenständigkeit und Selbstfindung werden eingeschränkt, ja grundsätzlich verhindert, wenn religiös fundierte Macht von Menschen Unterwerfung verlangt. Bei den Betroffenen entsteht dann eine Haltung, die sie auch die schlimmsten Anweisungen kalt und gewissenhaft ausführen läßt. Ketzerverfolgung und Hexenverbrennung, Inquisition und Mission liefern Belege, was Menschen anderen anzutun vermögen, wenn es im Namen Gottes befohlen wird. Denn es wächst bei denen, die eine intensive Schulung ihres Gehorsams erfahren haben, »die latente Machtgier der Ohnmächtigen«[14], die nun ihrerseits andere beherrschen wollen.

Gerade in der Kirche ist also Macht ein gefährliches Phänomen. Staatliche Instanzen können die äußerliche Beachtung ihrer Gesetze erzwingen, wenn sie nicht autoritär im Sinne der Diktaturen auftreten. Die Kirche aber als eine religiöse Institution kann ungleich bestimmender in das Leben von Menschen eingreifen, die in ihrem Bereich arbeiten wollen. Mit der Forderung nach unbedingtem Gehorsam kann sie eigenständigen Willen demontieren, lebendige Gefühle zementieren, vitale Triebregungen unterdrücken. Wenn heilig-unheimliche Macht mit dem Anspruch der heilig-unheimlichen Gottheit aufgeladen wird, kann ein Kraftfeld entstehen, das schlechterdings zerstörerisch wirkt. Die Machthaber wie die Ohnmächtigen können in diesem Bereich nur leben, wenn sie grundlegende Fähigkeiten ihres Menschseins verleugnen. Gehorsam zählt dann mehr als Verstehen, Exekution wird verlangt an Stelle von Initiative, Kontrolle gilt mehr als Vertrauen, die Normen bedeuten mehr als Lebendigkeit. Petrus selbst soll nach Dante diese klerikale Anmaßung in der Gestalt des Papstes scharf kritisiert haben.[15]

Die Macht der Magie

Gottes Allmacht kann dazu dienen, irdische Macht in Staat und Kirche zu legitimieren. Unter Berufung auf Gottes Allmacht können Menschen das äußere Verhalten, aber auch die inneren Regungen anderer determinieren. Unter Berufung auf Gott wollen Menschen über andere Menschen herrschen. Die Kombination von Macht und Religion begegnet aber auch in der Weise, daß Menschen durch religiöse Praktiken Macht über Gott selbst zu gewinnen versuchen. Deshalb ist die Grenze zwischen Magie und Religion für Theologie und Religionswissenschaften, Volkskunde und Ethnologie ein immer neu diskutiertes Problem.

Lange Zeit hat man auch in den außertheologischen Wissenschaften das kirchliche Verständnis von Magie übernommen. In immer neuen Varianten hat man Religion und Magie mit positiven und negativen Vorzeichen einander

23

entgegengesetzt. Religion sei christlich, Magie heidnisch. Magie sei primitiv, Religion gehöre auf eine höhere Entwicklungsstufe der Menschheit. Alle magischen Handlungen basierten auf Aberglauben, in der Religion dagegen herrsche lebendiger Glaube. Bis in den Streit zwischen den Konfessionen spielte diese Unterscheidung eine Rolle. Protestantisches Selbstbewußtsein ist auch durch die Behauptung geprägt, daß in der römisch-katholischen Frömmigkeit noch viele magische Züge enthalten seien. Und die Ablehnung, die die Großkirchen neuen religiösen Bewegungen, den sog. Jugendsekten oder New-Age-Zirkeln, zuteil werden lassen, wird auch mit der Vermutung begründet, daß in jenen Kreisen magische Handlungsweisen wieder aufleben. In all diesen Aussagen ist Magie die dunkle, negative, aus Glaubensgründen abzulehnende Kehrseite von Religion.

Worin aber besteht der entscheidende Unterschied? Es ist in der Regel ein einziger Punkt, der die Grenze markiert, nämlich der unterschiedliche Umgang mit Macht. Ganz im Sinne von Schleiermacher, der zwischen darstellendem und wirksamem Handeln differenziert hat, versteht der amerikanische Ethnologe B. Malinowski »Magie als eine praktische Kunst..., die aus Handlungen besteht, welche nur Mittel für ein bestimmtes Ziel sind; Religion dagegen als eine Gesamtheit in sich abgeschlossener Handlungen, die selbst die Erfüllung ihres Zweckes sind«.[16] Magie in diesem Verständnis ist eine Methode der Weltbeherrschung in praktischer Absicht; geheimnisvolle Kräfte werden von geheimnisvollen Experten eingesetzt, um Zwecke der Lebenserhaltung (Regenzauber) oder der Lebensschädigung (Hexerei) zielgerichtet zu realisieren. In der Magie geht es demnach also grundsätzlich und praktisch um »die Bestätigung der Macht des Menschen«.[17] Auch die Religion hat für diese Anschauung ein Verhältnis zur Macht, aber es ist insofern gebrochen, als diese Macht nicht in den Händen der Menschen liegt, die sie anwenden oder im Gegenzauber abwehren können. Die Macht liegt vielmehr allein bei Geistern und Göttern, die ihr eigenes Wesen und ihren eigenen Willen haben, die gewiß durch Opfergaben und Gebetsrufe beeinflußbar sind, aber nicht automatisch das realisieren, was die Menschen in ihrer religiösen Praxis wünschen. Nach dieser älteren Anschauung wollen die Handelnden im magischen Zauberspruch direkt Macht praktizieren, im religiösen Gebet dagegen unterwerfen sie sich der Macht einer Gottheit.

Erst in den letzten Jahrzehnten hat man in der wissenschaftlichen Diskussion diesen Gegensatz zwischen Magie und Religion einzuebnen begonnen. Für den Religionswissenschaftler O. Pettersson sind beide Phänomene in entscheidenden Punkten durch Gemeinsamkeiten charakterisiert. Beide, Religion wie Magie, rechnen mit übernatürlichen Mächten. Beide stellen oft Mittel, Rituale und Worte, bereit, um auf diese übernatürlichen Mächte Einfluß zu nehmen. Und beide sind in der Praxis durch menschliche Bedürfnisse begründet, zu deren Befriedigung die übernatürlichen Mächte animiert werden sollen: »Wenn ein Christ das Vaterunser betet oder die Litanei hersagt und wenn ein afrikanischer oder hinduistischer Priester um Regen bittet und dabei allerlei Manipulationen vornimmt, beten sie vielleicht, vielleicht auch nicht, aus einem unterschiedlichen Bewußtsein heraus (Unterwerfung oder Forderung), aber es ist klar, daß in beiden Fällen ein ausdrückliches Bedürfnis vorliegt, das Bedürfnis, jene Macht möge helfen, möge auf irgendeine Weise mit den Menschen Kontakt aufnehmen. Sie fühlen sich abhängig von der Macht, die über Leben und Tod, über Wetter und Wind gebietet.«[18]

25

Wie immer man das Verhältnis von Magie und Religion bestimmen mag, deutlich ist auf jeden Fall: Religion hat mit Macht zu tun. Sie gründet in Erfahrungen menschlicher Ohnmacht. Sie appelliert an die Unterstützung durch göttliche Allmacht. Sie operiert in Gebet und Gottesdienst mit individuellen und kollektiven Riten, die im Ausdruck menschlicher Ohnmacht göttliche Allmacht beeinflussen sollen. Durch die Ausgrenzung der Magie, in der Verfolgung von Hexen und Zauberern durch die Großkirchen, drückt sich auf höchst gewalttätige Weise die Einsicht aus, daß die Inanspruchnahme göttlicher Macht durch Menschen ein heikles Unterfangen ist. Wahrscheinlich wurden dabei auch unliebsame Konkurrenten beseitigt. Religion will den Namen Gottes so gebrauchen, daß der eigenständige Wille Gottes respektiert wird. Religion will im Machtbereich des Heiligen arbeiten, ohne die Macht des Heiligen für eigene Zwecke zu instrumentalisieren. In der Ablehnung der Magie durch das religiöse Bewußtsein kommt aber zum Ausdruck, daß der Umgang mit der Macht des Heilig-Unheimlichen für die Handelnden selber unheimlich, weil unverfügbar bleiben muß. Menschen, die in diesem Lebensbereich arbeiten, wollen etwas sagen und etwas tun und nehmen dabei die Macht Gottes in Anspruch. Aber es gehört offensichtlich zu den Spielregeln ihres Tuns, daß sie die Macht, die sie anrufen, in ihrer Eigenständigkeit respektieren.

III.

Die Kombination von Macht und Religion ist uns bisher in drei Modellen begegnet, in politischer, in klerikaler und in magischer Gestalt. Für aufgeklärte Zeitgenossen enthalten diese Modelle kaum attraktive Aspekte. Das Königspriestertum ist von der Bühne der Weltgeschichte verschwunden. Die klerikale Hierarchie der Amtskirche wird in der Öffentlichkeit fast nur kritisiert. Magische Praktiken, wie sie in elitären Zirkeln bis hin zum Satanismus angeboten werden, üben auf manche immer noch einen erheblichen Reiz aus; aber daß dabei eine, wenn auch meist verborgene Seite jeder ernsthaften Religion zutage tritt, wird kaum bewußt. Das liegt nicht zuletzt daran, daß in der theologischen Diskussion der Gegenwart das Stichwort »Macht« durchweg mit negativen Vorzeichen versehen wird.

Die Macht der Männer

Eine besondere Zuspitzung hat die Diskussion der Macht-Problematik innerhalb und außerhalb der Kirche durch den Feminismus erfahren. Aus der Perspektive der Frauen ist Macht ein zentraler Bestandteil der Männerwelt, erfahrbar an der Unterdrückung des anderen Geschlechts, an der Ausbeutung der Natur, an der drohenden Zerstörung des Lebens auf diesem Planeten. Auch und gerade die Kirchen sind demgemäß in Hierarchie und Ideologie bis heute von den Machtinteressen der Männer beherrscht. Wie diese feministisch begründete Machtkritik im einzelnen aussieht, läßt sich besonders deutlich den Veröffentlichungen von L. Schottroff entnehmen.

Ihre Ausführungen sind deswegen erhellend, weil sie das Patriarchat nicht einfach mit Klagen und Vorwürfen konfrontiert, sondern von der neutestamentlichen Tradition her auch nach Auswegen aus dem Teufelskreis gesellschaftlicher und kirchlicher Machtstrukturen sucht. Aufschlußreich ist vor allem ihre Interpretation der Szene von der Fußwaschung Jesu. Für sie spricht der Text (Joh. 13, 1–17) »auf drei verschiedenen Ebenen von Macht: von der Macht in der Verbindung Jesu mit dem Vater, der Macht in der Verbindung Jesu mit den Seinen – und beiden Machtebenen der Liebe steht die Macht des Herrschers dieser Welt entgegen«.[19] Widergöttliche, in diesem Sinne böse Macht ist grundsätzlich durch hierarchische Strukturen und destruktive Tendenzen charakterisiert. Herrschaft von Menschen über Menschen ist Ausdruck von Todesmacht und dient der Todesmacht. Herrschaft Christi meint demgegenüber »nicht ein hierarchisches Herrschaftsgebäude, in dem Christi Herrschaft die Herrschaft von Menschen über Menschen legitimiert, sondern die Behauptung des Glaubens, daß Gottes Macht größer ist als die Macht des Herrschers dieser Welt, des Todes als der Macht, die die Strukturen dieser Welt immer wieder gestaltet«.[20] Die Wiederholung des sakramentalen Handelns der Fußwaschung bedeutet »gegenseitige Diakonie, d. h. Verzicht auf Herrschaft von Menschen über Menschen, ... – sakramentale Verbindung untereinander und mit Christus und mit Gott. Die sinnliche Qualität des Sakraments, das Füßewaschen, macht die sinnliche Qualität der Machtbegabung der Glaubenden fühlbar. Sie bekommen starke Füße und Hände und Herzen, sie werden fähig zum Handeln für das Leben im Angesicht der Übermacht des Todes – die Macht und Herrschaft Christi bedeutet, daß christlicher Glaube diesen Weg des Herrschaftsverzichts gehen muß«.[21] Hierarchische Strukturen sollten deswegen von der Kirche weder begründet noch praktiziert werden. »Ich träume von einer Kirche, in der der Herrschaftsverzicht im Sinne des Füßewaschens gelebt wird. Es wäre überhaupt nicht kompliziert. Es müßten nur Männer und Frauen in gleicher Weise am Füßewaschen, Wäschewaschen, Wäschebügeln, Fußbödenputzen, Fensterputzen... teilhaben – und am Verkündigen des Wortes Gottes und an der Macht. Daß diese Macht dann eine andere ist als die hierarchische Macht, setze ich noch einmal dazu.«[22]

Auch in anderen neutestamentlichen Überlieferungssträngen findet L. Schottroff diese grundsätzliche Überwindung hierarchischer Machtverhältnisse. Die Apokalypse insgesamt sei zwar »ein Buch über Macht und Gewalt aus der Perspektive von Männern«[23], aber es gebe immerhin eine bedeutsame Ausnahme in der Beschreibung der Gerechten vor Gottes Thron, weil dort nicht Herrschaft über andere, sondern Macht in Gegenseitigkeit geübt wird. Insbesondere der urchristliche Auferstehungsglaube hat nach Schottroff die Gewalt- und Herrschaftsverhältnisse aus den Angeln gehoben: »Der Auferstehungsglaube war die sichtbare Begrenzung der Allmacht einer Weltherrschaft. Jeder Glaubende vollzog die Entmachtung der Herren der Welt in ihrem Alltag und in ihrem Körper. Die Allmächtigen, die Macher der Patriarchate, haben nur soviel Macht, wie die Menschen ihnen geben. Der Auferstehungsglaube der Christen setzt der Allmacht Roms ein Ende, nicht in irgendeinem imaginären Zukunftsraum, sondern jetzt bei mir, bei den Glaubenden.«[24] Bis heute muß deshalb für die Kirche gelten: »Die Macht..., die der Arbeit für Recht und Gerechtigkeit auf dieser Erde entspricht, ist das Rühmen Gottes, das Gotteslob, das nicht auf patriarchale Stärke setzt, sondern auf Verwandlung der

29

Ohnmacht durch die Macht Christi in Gemeinschaft mit anderen Menschen auf demselben Wege.«[25]

Anzuerkennen und festzuhalten ist auf jeden Fall, daß diese feministisch fundierte exegetische Position nicht einfach eine Verteufelung der Macht intendiert. Es gibt einerseits eine prinzipielle Machtkritik. Hierarchische Strukturen werden grundsätzlich abgewertet, der Männerwelt zugeordnet und unauflöslich mit tödlichen Konsequenzen verknüpft. Andererseits wird hier aber durchaus gesehen, daß in der Gottesbeziehung Ohnmacht in Macht transformiert wird und daß Gemeinde an der Macht des Gekreuzigten und Auferstandenen partizipiert.

Zu fragen bleibt, ob die hier vollzogene Machtkritik schon tief genug ansetzt. Daß in der Geschichte des Abendlandes eine jahrtausendealte Herrschaft von Männern über Frauen geübt wird, ist nicht zu bestreiten. Aber ist Macht deswegen wirklich ein spezifisches Kennzeichen des Patriarchats? Die Macht der Väter ist deutlich und handgreiflich erfahrbar, auch wenn sie heutzutage nicht immer handfest exekutiert wird. Ist die Macht der Mütter nicht mindestens ebenso groß, gerade weil die Bindung an sie archaischer ist und die Trennungskonflikte deshalb viel schwerer? Viel wichtiger ist noch ein anderes Problem, nämlich die Beurteilung hierarchischer Strukturen. Daß sie im Militär mit der klaren Aufteilung zwischen Befehl und Gehorsam im Ernstfall der Todesmacht dienen, ist nicht zu bestreiten. Aber im Operationssaal dient die entsprechende Machtverteilung der Erhaltung von Leben. Mindestens in funktionaler Begrenzung gibt es also eine sinnvolle Arbeitsteilung, die zu ihrem Vollzug eine sinnvolle Machtverteilung einschließt. Das Eltern-Kind-Verhältnis zeigt darüber hinaus, daß sich nicht alle zwischenmenschlichen Beziehungen aus Abhängigkeitsstrukturen

in Verhältnisse der Gleichberechtigung und Gleichrangig-
keit überführen lassen. Eltern mögen den Wert und die
Würde ihrer Kinder noch so sehr respektieren – sie müssen
damit leben und damit umgehen können, daß sie, auf Zeit,
Macht über diese Kinder besitzen. Gewiß darf man dieses
Eltern-Kind-Modell nicht einfach auf andere Beziehungen
(Mann – Frau, Arzt – Kranke, Lehrer – Schüler) übertra-
gen, wie es in der Vergangenheit immer wieder geschehen
ist. Aber ebenso gewiß macht dieser elementare Lebensbe-
reich deutlich, daß Macht im Sinne der Über- und Unter-
ordnung nicht einfach abgeschafft werden kann. Für den
Umgang mit dem bedrohlichen Phänomen müssen andere
Lösungsmöglichkeiten gefunden werden als die simple
Forderung nach der Beseitigung aller Hierarchien.

Die Macht Gottes

Daß der Kontakt mit Gott besondere Kraftquellen zu erschließen und damit auch spezifische Machtanteile zu verleihen vermag, hatte im Rahmen ihres feministischen Konzepts L. Schottroff noch konstatiert. Aber in der neueren
Theologie wird quer durch die Schulen hindurch bestrit-
ten, daß die Rede von der Macht Gottes noch verantwort-
lich zu vertreten sei.
  Für den Sozialethiker Y. Spiegel haben die traditionellen
Gottesbilder der Herrschaft schon deshalb alle Plausibilität
verloren, weil sich politische Macht seit dem Mittelalter
und seiner Königsideologie grundlegend verändert hat. An
die Stelle erwählter Personen ist eine anonyme Bürokratie
getreten. »Seit die einst allmächtigen Monarchen geköpft
wurden oder beim verlorenen Krieg sich ins neutrale Hol-
land verzogen oder aber kaum noch wirkliche Macht ha-

ben, verschwindet auch das Sinn-Bild Gottes als allmächtiger Herrscher und König.«[26] Gott als Machtträger wäre allenfalls in der Gestalt eines Krisenmanagers vorstellbar. Aber auch diese Phantasie weckt bei Spiegel keine tröstlichen Assoziationen: »Dieses Sinn-Bild von Gott als dem wohl gutwilligen, aber total überforderten Krisenmanager drückt meine Zweifel an einer zureichenden göttlichen Weltleitung aus. Ich glaube aber auch nicht, daß ein besserer Gott diese Weltleitung erfolgreicher und effizienter durchführen könnte; diese ganze Richtung stimmt nicht. Denn wenn Güte und Kompromißbereitschaft versagen, ist der Ausweg meist nicht das Eingeständnis, diese Welt sei unregierbar, sondern das destruktive Durchgreifen mit aller Härte: Gericht als Krieg, Hungersnot, Entlassung, Ausstoßung aus der Gesellschaft.«[27] Die hilfreichen und weiterführenden Sinnbilder, die auch dem Wort »Gott« eine neue Bedeutung zu erschließen vermögen, sind seiner Meinung nach »nicht mehr so sehr in der Höhe, nicht im leeren Himmel, nicht in den lautlosen Chef-Etagen mit ihrem tödlichen Schweigen und ihrer permanenten Unzugänglichkeit, sondern in der Tiefe angesiedelt, wo Leben und Lebendigkeit zu finden ist«.[28]

Daß ein bürokratischer Machtapparat in Auschwitz und anderswo Unschuldige vernichtet hat, macht für D. Sölle die Anschauung von der Allmacht Gottes suspekt. Wer das Leiden in der Welt ernsthaft zur Kenntnis nimmt, kann die Allmacht des Höchsten nur noch im Rahmen einer sadistischen Theologie vertreten. Diese beruht im Kern auf drei Sätzen:

»1. Gott ist der allmächtige Lenker der Welt, der alles Leid verhängt. –

2. Gott handelt nicht grundlos, sondern gerecht. –

3. Alles Leiden ist Strafe für die Sünde.«[29]

32

Die uneingeschränkte Behauptung der Allmacht Gottes ist also angesichts der Leidenswirklichkeit unter Menschen nicht möglich, und auch die Auskunft, daß das Leiden der Unschuldigen durch die Gegenmächte des Bösen verursacht wird, liefert für Sölle keine Lösung, weil der allmächtige und liebende Gott dieses Leid ja geschehen läßt.

Wenn das Kreuz Jesu die Offenbarung Gottes bedeutet, dann darf diesem Gott in keiner Weise nachgesagt werden, daß er Leiden verursacht, auch nicht Jesus gegenüber. An diesem Punkt kritisiert D. Sölle sehr scharf J. Moltmann. Der hat auf der einen Seite die Übernahme einer philosophischen Gottesidee, die mit einem allmächtigen, leidensfreien höchsten Wesen rechnet, energisch abgelehnt. »Gott litt in Jesu Leiden, Gott starb im Kreuz Christi, sagt der christliche Glaube, damit wir leben und in seine Zukunft auferstehen. Auf religionspsychologischer Ebene bewirkt christlicher Glaube damit die Befreiung von den kindlichen Projektionen menschlicher Bedürfnisse in den Reichtum Gottes und menschlicher Ohnmacht in die Allmacht Gottes und menschlicher Hilflosigkeit in die Verantwortung Gottes. Er befreit von den vergotteten Vaterfiguren, mit denen der Mensch seine Kindheit erhalten will. Er befreit von der Flucht in die politischen Allmachtsvorstellungen, mit denen die Mächtigen auf Erden ihre Herrschaft legitimieren und den Machtlosen Inferioritätskomplexe machen und mit denen die Ohnmächtigen ihre Ohnmacht im Traum kompensieren.«[30] Auf der anderen Seite hat er innerhalb seiner trinitarischen Theologie daran festgehalten: Der Vater hat das Leiden des Sohnes am Kreuz nicht direkt geteilt, er hat ihn, wie es Jesus selbst mit dem Psalmwort sagt, im Leiden »verlassen«. Für Sölle steht eine solche Aussage an der Grenze zur Ketzerei. Für Moltmann ist auch diese Situation vom Leiden Gottes ge-

33

prägt. »Der Sohn erleidet an seiner Liebe die Verlassenheit vom Vater in seinem Sterben. Der Vater erleidet an seiner Liebe den Schmerz des Todes des Sohnes. Was aus dem Geschehen zwischen dem Vater und dem Sohn hervorgeht, muß dann als der Geist der Hingabe des Vaters und des Sohnes verstanden werden, als der Geist, der den verlassenen Menschen Liebe schafft, als der Geist, der das Tote lebendig macht.«[31] Alle Geschichte, die in Gottes Schöpfung passiert, ist deshalb theologisch nicht mehr von der Allmacht Gottes her zu bestimmen, sondern vom trinitarisch interpretierten Kreuzesgeschehen her. »Es gibt kein Leiden, das nicht in dieser Geschichte Gottes Leiden, es gibt keinen Tod, der nicht in der Geschichte auf Golgatha Gottes Tod geworden wäre. Darum gibt es auch kein Leben, kein Glück und keine Freude, die nicht durch seine Geschichte in das ewige Leben, die ewige Freude in Gott integriert werden.«[32]

Von der Macht Gottes zu reden ist also ein höchst problematisches Unterfangen. Gegenwärtige Machtstrukturen wie leidvolle Machterfahrungen müssen dabei berücksichtigt werden. Das philosophische Erbe darf nicht naiv übernommen, psychologische Bedürfnisse dürfen nicht unreflektiert ausagiert werden. Der Gott, der sich am Kreuz Jesu offenbart hat, ist in der Tiefe des Lebens, in den Abgründen des Leidens zu finden, nicht an der Seite der Machthaber und Potentaten.

Das alles ist einleuchtend und verständlich und angesichts aller destruktiven Erscheinungsformen von Macht auch nicht überraschend. Dennoch bleiben Fragen. Was bringt der Gang in die Tiefe des Lebens wenn nicht die Entdeckung neuer, unausgeschöpfter Quellen an Lebensenergie? Worin besteht die reale Hoffnung für alle, die unschuldig leiden, wenn nicht in der Erwartung einer unglaublichen Macht, die die Herrschaft von Tod und Gewalt und allem Bösen beendet? Und schließlich: Was ist geschehen, als der gekreuzigte Jesus auferweckt wurde? Welche Macht hat ihn aus seiner Ohnmacht gerissen und zum ewigen Leben befreit? Die verständliche Kritik an naiven Allmachtsideen darf in der Theologie nicht zu einer unbeabsichtigten Verherrlichung realer Ohnmachtserfahrungen werden, wie es in der Geschichte der Kreuzesfrömmigkeit an vielen Stellen passiert ist. Der Mißbrauch mit dem Phänomen Macht, der sich bis in die Gotteslehre hinein ausdrücken kann, darf nicht zu einer Tabuisierung, zu einer Verteufelung dieses Lebensphänomens führen. Macht ist da. Macht wird geübt. Macht wird erlitten. Wie soll man in der Gemeinde damit verfahren?

Die Macht der Gemeinde

Wenn Macht destruierende Strukturelemente patriarchaler Herrschaft darstellt, wenn die Rede von der Macht Gottes angesichts gesellschaftlicher Verhältnisse verdächtig geworden ist, dann müssen auch Leben und Praxis der Christengemeinde möglichst machtfrei gestaltet werden. In Entsprechung zum Schicksal ihres gekreuzigten Herrn können die Christen nicht an der Seite der Machthaber stehen. Die Konformität mit Jesus weist sie in die Solidarität mit den Armen und Ausgebeuteten, mit allen Opfern von Macht.

Alles, was die Gemeinde tut, ist für K. Wengst deshalb ein »Handeln aus Ohnmacht«, jedenfalls solange es sich am Modell der ersten Christen orientiert. »Jesus und seine Jünger und die Menschen in urchristlichen Gemeinden waren keine ›Machtfaktoren‹, die in der Lage gewesen wären,

35

ihrer Zeit den Stempel aufzudrücken. Sie bilden nicht den Beginn einer Siegesgeschichte. Als ärgerliches Randphänomen waren sie dem Handeln anderer ausgesetzt, die mehr oder weniger Macht in Händen hatten. Dennoch verstanden sie sich nicht als bloße Objekte, als nur noch hilflose Opfer in einem übermächtigen Getriebe, sondern handelten als eigene Menschen – trotzig und listig, unter Tränen und doch voller Hoffnung. Nur eine solche Gemeinde, die nicht in die Macht verstrickt ist und produktiv mit ihrer Ohnmacht umgeht, wird der Welt wirklich dienen können.«[33]

Wengst führt dann im einzelnen auf, was zu den Strategien eines Handelns aus Ohnmacht gehört. Man kann sich an frühere und eigene Niederlagen positiv erinnern, man kann sich der Schicksalsgemeinschaft mit dem leidenden Jesus vergewissern, man kann auf dem Weg des Glaubens bleiben, trotz Niederlagen weiterkämpfen, sich nicht einschüchtern lassen, sondern für Öffentlichkeit sorgen. Vor allem braucht man sich der eigenen Tränen nicht zu schämen: »Vielleicht sind sie der wichtigste Beitrag der Gemeinde, die sich nicht in die Macht verstricken will und ihre Ohnmacht bewußt annimmt, für eine Welt, die von Machtkämpfen und Machtsucht zerstört zu werden droht.«[34]

Wie aber sieht das gemeindliche Handeln aus gestalteter Ohnmacht aus? Ist nicht auch dieses Handeln, sofern es andere Menschen beeinflußt und auf ihr Leben einzuwirken versucht, ein Machtphänomen? Daß hier im Machtverständnis ungeklärte Aspekte enthalten sind, zeigt sich, wenn Wengst an anderer Stelle von der »Macht des Ohnmächtigen« spricht. Die Auferweckung Jesu wird dort zunächst ganz im machtkritischen Sinn interpretiert: »Sie ist der Protest Gottes: Widerspruch gegen die ihm sich entgegensetzende Macht des Königs, die auch vor grausamen Hinrichtungen nicht zurückschreckt und sich in ihnen erweist, und Zeugnis für die sich schließlich und endlich durchsetzende Gerechtigkeit Gottes; sie ist Erweis seiner Solidarität.«[35] Eine Differenzierung klingt an, wenn »die Macht gerade seiner Ohnmacht... gegen die Gewalt der Mächtigen« gesetzt wird[36]; Macht wäre demnach, im Unterschied zu Gewalt, lebenförderndes, freiheitschenkendes Handeln. Aber wenn in der Apokalypse das Lamm Gottes als Löwe bezeichnet wird, wenn diesem Lamm der Sieg über alle Weltherrscher zugeschrieben wird (17,14), ja wenn ausdrücklich von seinem »Zorn« die Rede ist (6,16), dann tauchen im christologischen Kontext der Machtfrage auch Aussagen auf, die die eindeutige Unterscheidung zwischen gewalttätiger Macht auf seiten der Herrschenden und gewaltfreier Macht auf seiten Christi und seiner Gemeinde relativieren. Wengst selber löst das Problem sozialpsychologisch. Er versteht den Zorn des Lammes als »die endlich zum Ausdruck und zur Wirkung kommende aufgestaute Wut der Ohnmächtigen und Bedrängten«.[37] Letztlich haben solche Texte für ihn eine animierende Intention. Den Ohnmächtigen wird »Christus als das Lamm zur Identifikationsgestalt für die Erfahrung eigener Niederlagen, für die Leiden, die Ohnmacht, für den Zorn und die Wut. Als Lamm, das zugleich Löwe ist, wird er darin aber auch zum Haft- und Anhaltspunkt, den Protest durchzuhalten und Hoffnung zu bewahren«.[38]

Damit deutet sich in gleichsam apokalyptischer Projektion an, daß auch das Handeln der Gemeinde von Motiven bestimmt sein kann, die dem Postulat von Gewalt- und Aggressionsfreiheit nicht entsprechen. Was unterscheidet die Hoffnung der Opfer, die auf die gewaltsame Beseitigung der Machthaber warten, von der Machtpraxis dieser Täter? Beide leben sie im Wirkungsbereich von Macht, die einen als Opfer, die anderen als Täter, die einen passiv, die anderen aktiv. Besteht die Hoffnung der Opfer nicht darin, daß es zu einer Umkehrung dieser Rollenverteilung kommt, und zwar so, daß die Opfer selber nicht aktiv werden müssen? Ist das der kleine, der christliche Unterschied gegenüber dem Machtphänomen? Aus der Opferrolle beim Kampf um die Macht errettet zu werden, ohne Täter werden zu müssen? Und wie kann die Christengemeinde aktiv handeln, solange die Umkehrung aller Machtverhältnisse nur Gegenstand der Hoffnung, nicht aber gesellschaftliche Wirklichkeit ist?

IV.

Nach 2000 Jahren Kirchengeschichte hat Petrus Angst vor der Macht. Jeder Blick in die Vergangenheit lehrt, wie zerstörerisch politische Herrschaft gewirkt und wie leichtfertig kirchliche Autorität die Mächtigen legitimiert hat. Erst recht zeigt jede Gegenwartsanalyse, daß Macht in Wirtschaft und Politik die Lebensgrundlagen auf diesem Planeten gefährdet. Weil er seinem Herrn und Meister treu bleiben will, muß Petrus sich von den Machtspielen der Welt distanzieren: »Herr, wohin sollen wir gehen? Du hast Worte des ewigen Lebens; wir haben geglaubt und erkannt, daß du der Heilige Gottes bist« (Johannes 6,68 f.).

Was ist Macht? In den meisten kritischen Äußerungen wird Macht mehr oder weniger stark mit Gewalt identifiziert. Die Macht der Menschen zerstört die Natur. Die Macht der Männer herrscht über die Frauen. Die Macht schafft Leiden und kann deshalb, auch wenn sie von Gott kommt, nicht vom Leiden erlösen. Sehr prägnant hat dieses Verständnis E. Canetti beschrieben. »Der Unterschied zwischen Gewalt und Macht läßt sich auf sehr einfache Weise darstellen, nämlich am Verhältnis zwischen Katze und Maus. – Die Maus, einmal gefangen, ist in der Gewalt der Katze. Sie hat sie ergriffen, sie hält sie gepackt, sie wird sie töten. Aber sobald sie mit ihr zu spielen beginnt, kommt etwas Neues dazu. Sie läßt sie los und erlaubt ihr, ein Stück weiterzulaufen, kaum hat die Maus ihr den Rücken gekehrt und läuft, ist sie nicht mehr in ihrer Gewalt. Wohl aber steht es in der Macht der Katze, sie sich zurückzuholen. Läßt sie sie ganz laufen, so hat sie sie auch aus ihrem Machtbereich entlassen. Bis zum Punkte aber, wo sie ihr sicher erreichbar ist, bleibt sie in ihrer Macht.«[39]

Macht in diesem Verständnis ist immer Spielraum, Wirkungsfeld, Herrschaftsbereich von Gewalt. Aber ist diese Verkoppelung so unvermeidlich, wie es das Beispiel aus der Tierwelt suggeriert? Eltern haben Macht über Kinder. Ein Chirurg hat Macht über seine Patienten. Ein Chef hat Macht über Untergebene. Und die Möglichkeit, daß einer seine Machtposition zum Schaden anderer gebraucht, ist immer gegeben. Freilich, das ist eine Möglichkeit und kein unabdingbares Gesetz. Man darf die Wirklichkeit von Macht nicht mit einer ihrer Möglichkeiten identifizieren.

Macht ist nicht, wie Canetti behauptet, eine besondere Form von Gewalt; vielmehr gilt: Gewalt ist eine Möglichkeit, Macht zu realisieren. Macht besteht in der Möglichkeit, auf das Leben anderer positiv oder negativ, fördernd oder zerstörerisch einzuwirken.[40] Diese Möglichkeit gibt es, wie das Alltagsbeispiel Canettis lehrt, auch zwischen anderen Lebewesen. Ebenso besteht sie vom Menschen aus gegenüber der Umwelt. Aber sie ist in unserer

Gattung keineswegs ausschließlich an destruktive Akte gebunden, sondern präsentiert sich in einer Vielzahl von Phänomenen, Prozessen und Aktionen.

Macht kann, im Blick auf das Ziel, Leben erhalten oder Leben zerstören. Macht kann, in ihrer Fundierung, aggressiv oder libidinös bestimmt sein. Macht kann, wenn man die Mittel betrachtet, in verbalen und in nicht-verbalen Aktionen ablaufen. Sie ist Ausdruck einer körperlichen, geistigen oder sozialen Überlegenheit. Sie wirkt mit einer mehr oder weniger entwickelten, mehr oder weniger spürbaren Kraft. Sie schafft Beziehungen, sie nimmt Einfluß, sie ordnet sich in asymmetrischen Strukturen von Überlegenheit und Abhängigkeit. Im sozialen Feld ist sie deshalb verknüpft mit Positionen von Herrschaft und Rollen von Autorität. Ja sie bleibt keineswegs auf individuelle Manifestationen beschränkt, sondern begegnet auch in kollektiven Gebilden, wie Familien, Staaten, Konzernen, die ihrerseits durch interne Machtverteilung strukturiert sind. Macht ist also in dem hochkomplexen Netzwerk des biologischen und sozialen Lebens die Möglichkeit, in das Leben anderer mit unterschiedlichen Zielen, in unterschiedlichen Formen, mit unterschiedlichen Folgen einzugreifen. Was Macht ist, darf man nicht nur von den Mördern her definieren. Auch die Helfer und Helferinnen, die Beschädigungen des Lebens beheben wollen, sind, indem sie kompetent und sorgfältig und erfolgreich arbeiten, Träger von Macht.

Woher rührt diese Fähigkeit, die sich im Netzwerk des Lebens als Macht präsentiert? Man wird zwischen einem psychologischen, einem soziologischen und einem phänomenologischen Ansatz unterscheiden können.[41] Für die psychologische Betrachtung resultieren die Machtprobleme aus einer elementaren Triebkraft, die in frühkindlichen Erfahrungen mit Grandiosität und Ohnmacht wurzelt und bis in die Symbole der Religion hinein gestaltet wird. Auch in soziologischer Sicht wird Macht oft als archaisches Erbe verstanden, auf Privilegien basierend, durch Zwangsmittel verteidigt, suspekt vor allem deshalb, weil mit unterschiedlichen Lebenschancen verknüpft. Oder sie gilt, weniger kritisch ausgedrückt, als die Fähigkeit, auf ein gesellschaftliches Rollengefüge gestalterisch einzuwirken. Transsozial und überindividuell ist »Der Wille zur Macht« bei F. Nietzsche konzipiert, der den »Trieb nach Macht« zwar das »furchtbarste und gründlichste Verlangen des Menschen« genannt hat[42]; gleichzeitig aber den psychologischen und soziologischen Horizont überschritten hat und konstatiert: »Leben ist Wille zur Macht.«[43]

Macht ist weder aus psychischen Entwicklungsprozessen noch aus sozialen Fehlkonstruktionen eindeutig ableitbar. Macht ist selbst eine Macht. Das meint: Macht entsteht nicht als Folge individueller oder kollektiver Konflikte, sondern ist ihnen, als Anlaß oder als Ursache, immer schon vorgegeben. Macht ist ein Urphänomen des Lebens, das nicht durch die Aktivitäten von Lebewesen geschaffen wird, sondern das diese Aktivitäten ermöglicht und auslöst. Leben präsentiert sich in Machtfeldern, die von einer eigentümlichen Dynamik durchzogen sind. In einer Gruppe z. B., in einer Horde, einem Clan, einer Familie, gibt es mehr oder weniger feste Positionen, mehr oder weniger feststehende Regeln für die Beziehungen, mehr oder weniger bewußte Antriebe für Kontakte und Konflikte. Ein solches Feld läßt sich als ein Netzwerk von Interdependenzen verstehen, in denen alle genannten Faktoren machthaltig sind. Soziale Positionen ermöglichen Einfluß auf andere. Individuelle Antriebe drängen zur Begegnung mit anderen. Beziehungsregeln sorgen, mit mehr oder weniger Zwang, dafür, daß der Verkehr zwischen den höchst unterschiedlich ausgestatteten Trägern von Macht möglichst geringen Schaden auslöst.

Macht ist eine Macht, die zum Leben gehört, ja die Leben konstituiert, weil sie den Kontakt der Lebewesen ermöglicht. Daß diese Macht als unheimlich erlebt und teils mit religiösen Attributen versehen, teils durch religiöse Ideologien legitimiert wird, ist deshalb verständlich. Unheimlich wirkt Macht, weil man in ihrem Bereich den Urerfahrungen des Lebens begegnet. Leben und Tod, Geworfenheit und Verdammnis, Schicksal und Bewahrung, Glück und Leiden, Herrschaft und Elend, Schuld und Verurteilung, Liebe und Haß, Angst, Mord und Leidenschaft, Brutalität und Hingabe – all das und vieles mehr können Menschen im Wirkungsbereich von Macht erleben. Die Fassaden der Zivilisation stürzen ein, die Masken aufgeklärter Vernünftigkeit werden entlarvt, die Illusionen von Autonomie und Humanität verfliegen, wenn Menschen von jener Macht erfaßt werden, in deren Kraftfeld sie immer schon leben. Macht wirkt auch deshalb unheimlich, weil sie das Oberflächenselbstbild der Menschen gründlich in Frage stellt.

Macht wirkt unheimlich. Deshalb ist sie, wie am deutlichsten das Königspriestertum zeigt, tendenziell heilig.[44] Religion hat bei der menschlichen Verarbeitung archaischer Machterfahrung eine dreifache Aufgabe. Sie hat kraft ihrer Fähigkeit zur Symbolisierung die Machterfahrung zu differenzieren. Sie hat die jeweilige Machtverteilung in der Gesellschaft zu legitimieren. Und sie hat, damit die individuelle und kollektive Machtbalance wirklich gelingt, den Kontakt mit der Urmacht des Lebens konstant zu pflegen.

Menschen führen ihr Leben im Wirkungsfeld von Macht. Ja angesichts der Vielfalt dessen, was an externen

42

und internen Impulsen auf den einzelnen einströmt, wird man genauer zu formulieren haben: Menschen führen ihr Leben im Wirkungsbereich von Mächten. Daß all diese Mächte, so chaotisch und destruktiv sie etwa im Krisenfall über das Individuum herfallen mögen, nicht mit der Macht des Lebens selber identisch sind, daß sie vielmehr von dieser Übermacht gelenkt und begrenzt werden, das versichert von einer bestimmten Stufe ihrer Entwicklung an die Religion. Sie differenziert zwischen den zufälligen Machterfahrungen aus der Natur, zwischen den familialen und politischen Machterfahrungen in der Gemeinschaft und einer religiös definierten Ur-Macht, die hinter den Erfahrungen und durch sie hindurch am Werk ist.

Indem Religion zwischen immanenter, punktueller Machterfahrung und transzendenter, permanenter Urmacht unterscheidet, legitimiert sie zugleich das, was dem einzelnen jeweils begegnet. Daß jemand durch seine Geburt in ein konkretes Machtfeld, eine bestimmte Familie, einen Staat, eine Religion geworfen ist, wird auf den Willen der Urmacht zurückgeführt. Daß in diesem Machtfeld bestimmte Machtpositionen so oder so besetzt sind und daß für das Verhalten in dieser Gemeinschaft Gebote, Normen und Regeln gelten, wird ebenfalls durch göttliche Setzung begründet. Und selbst wenn es zu Akten der Opposition, zum Ungehorsam gegen die Eltern, zum Widerstand gegen die Herrschenden kommt, werden solche kritischen Handlungen gegen Machtträger religiös legitimiert. Weil Macht unheimlich ist, bedarf es zu ihrer Begründung und ihrer Veränderung der religiösen Weihe. Das Unheimliche muß heilig gesprochen werden, um lebenserträglich zu sein.

Die Differenzierung zwischen politischer und religiöser Macht, aber auch die Legitimation der politischen durch die religiöse Macht setzt voraus, daß in der Religion spezifische, relativ direkte Zugangsmöglichkeiten zur Urmacht des Lebens bestehen. Religion ist menschliche Arbeit im Wirkungsbereich des Heiligen. Die Macht religiöser Funktionsträger gründet darin, daß sie über Methoden verfügen, die die Urmacht des Lebens für den individuellen und kollektiven Lebensvollzug erschließen. Nur im beständigen, rituell und symbolisch vermittelten Kontakt mit der Urmacht des Lebens können die Machtfelder in der Gesellschaft so gestaltet werden, daß ihre destruktiven Tendenzen begrenzt bleiben. Deshalb gehört die Kooperation, aber auch die Konfrontation zwischen politischen und religiösen Machtpositionen zur elementaren Spannung in jeder Gesellschaft.

V.

Petrus hat nach 2000 Jahren Kirchengeschichte Angst vor der Macht. Die Diskrepanz zwischen seinem Gottesbild und der politischen Wirklichkeit erscheint ihm so riesig, daß er von der Macht Gottes gar nicht mehr reden mag. Daß wirtschaftliche Strukturen, politische Institutionen, bürokratische Systeme sich dem Willen Gottes verdanken, ist eine Aussage, die schon deshalb überflüssig geworden ist, weil Herrschaft in der Moderne auf nicht religiösen Legitimationsmustern der Rationalität und der Effizienz beruht. Daß man in der religiösen Praxis nicht nur über Gott reden und von Gott her Leben gestalten, sondern auch konkrete Entdeckungen des Machtgewinns machen kann, ist eine Anschauung, die den meisten Christ/innen und Theolog/innen sehr fremd geworden ist.

Entweder wird sie als magisch verworfen oder von der Kreuzestheologie her diskreditiert.

Petrus steht heute im Sumpf seiner Ohnmacht, die er bestenfalls ideologisch dadurch verdrängen kann, daß er sich auf den Willen Gottes beruft. Aber dieser Trost sollte ihn nicht allzusehr beruhigen. Denn ob die Ohnmacht derer, die im Namen Gottes auftreten, wirklich der biblischen Botschaft entspricht, ob sie nicht eher durch andere Mächte verursacht und durch die Feigheit und Unfähigkeit der Glaubenden verstärkt wird, das ist noch zu klären. Die Ohnmacht, von der die Bibel redet, bezieht sich auf Niederlagen im Kampf, auf Leidenserfahrungen in Konflikten. Keinesfalls sind damit infantile Hilflosigkeit, permanentes Selbstmitleid oder soziale Minderwertigkeitsgefühle gemeint, wie sie gegenwärtig in der christlichen Mentalität grassieren. Im Zeitalter der Lebensgefahr ist Petrus an seine Vergangenheit zu erinnern, an die Macht, die er einmal repräsentiert hat, an die Stärke, die er daraus gewonnen hat, an die Verantwortungs- und Einsatzbereitschaft, die ihm daraus zugeflossen sind. Petrus darf selbst dann, wenn er alt geworden ist, die verdammte Macht nicht sich selbst überlassen. Sonst wirkt seine Angst als Prophezeiung, die sich selber erfüllt. Ohne Kontakt mit dem Heiligen geht die unheimliche Macht zum Teufel.

Das Netz

Fahre dahin, wo es tief ist,
und werft eure Netze zum Fang aus!

Lukas 5,4

»Herr, geh weg von mir!« Die ganze Kirchengeschichte bis hin zur Gegenwart kann man auch verstehen als den permanenten Versuch, sich im Bannkreis
des Heiligen die Macht des Heiligen vom Leib zu halten. Eine grundlegende Kunst kirchlicher Praxis ist die
Dosierung des Geistes.

I.

Die neutestamentlichen Berufungsberichte demonstrieren die Macht, mit der Worte in das Leben von Menschen eingreifen können. Wenn Jesus einen Mann in seine Anhängerschar hineinholen will, dann sagt er ein einziges, unwiderstehliches Wort. »Als er vorüberging, sah er Levi, den Sohn des Alphäus, am Zoll sitzen und sagte zu ihm: Folge mir! Und der stand auf und folgte ihm« (Markus 2,13 f.).

Was ist zwischen diesen beiden passiert? Wieso verlassen erwachsene Männer Beruf und Familie, wenn ein vorüberziehender Wanderprediger sie auffordert mitzukommen? Daß hier einer befiehlt und die anderen gehorchen, trifft den Sachverhalt nicht genau; denn im Schema von Befehl und Gehorsam ist immer ein sozialer Rahmen vorausgesetzt, der den gesprochenen Worten ihre Kraft erst verleiht. Eltern erteilen kraft ihrer Autorität eine Anweisung, etwas Bestimmtes zu tun. Vorgesetzte erteilen kraft ihrer Position einen Auftrag, den Untergebene erledigen müssen. Bevor Jesus Menschen in die Nachfolge ruft, ist ein solches Verhältnis zwischen den Beteiligten nicht zu erkennen. Auch von einer besonderen Attraktivität dieses Mannes, die seiner Einladung eine gewisse Verführungskraft geben könnte, ist nichts berichtet. »Folge mir! Und er stand auf und folgte ihm.« Hier wirkt die Macht des gesprochenen Wortes ohne soziale Basis, ohne psychische Potenz. Menschen verlassen ihr bisheriges Leben, weil einer sie ruft. Das ist kein Befehl und auch keine Verführung. Das ist ein Schöpfungswort wie am Anfang des Lebens: »Gott sprach: Es werde Licht! Und es ward Licht« (1. Mose 1,3).

In der Berufungsgeschichte des Petrus ist diese Macht des Wortes dargestellt, erläutert und mit einer Verheißung versehen. Zunächst mischt sich Jesus nur in die berufliche Tätigkeit dieses Fischers am See Genezareth. Er läßt ihn, obwohl eine solche Ausfahrt am Tage überhaupt nicht erfolgversprechend ist, noch einmal mitten im See die Netze auswerfen. Simon, wie er an dieser Stelle noch heißt, konstatiert auch, warum er aller Skepsis zum Trotz dieser ungewöhnlichen Anweisung folgt: »Auf dein Wort hin.« Damit schiebt er die Verantwortung für dieses eigentlich sinnlose Unternehmen von sich ab. Aber zugleich läßt er andeutungsweise erkennen, daß er sich in diesem Augenblick von einer unbestimmten Macht getrieben sieht.

Diese Macht bestimmt nicht nur das Verhalten der Menschen, sondern beeinflußt offensichtlich auch den Lauf der Natur. Trotz der ungewöhnlichen Tageszeit gelingt dem Simon ein so gewaltiger Fischzug, daß er ein Nachbarboot zur Unterstützung herbeirufen muß. Und nun wird ihm auch blitzartig klar, welche Macht ihm begegnet ist. »Herr, geh von mir! Ich bin ein sündiger Mensch.« Die Macht des Heiligen ist in sein Leben getreten. Was der Prophet Jesaja im Tempel erlebt hat (Jesaja 6), widerfährt dem Petrus mitten in seinem beruflichen Alltag. Und er reagiert so, wie man angesichts dieser Erfahrung nur reagieren kann. Ein Schrecken hat ihn erfaßt. Er wird sich seiner Sündhaftigkeit bewußt. Und er bittet den Mann, in dem sich das Heilige manifestiert, ihn in Ruhe zu lassen.

Die Macht, der Petrus begegnet, kann man nicht konsumieren und für eigene Zwecke gebrauchen. Welch ein prosperierendes Unternehmen ließe sich aufbauen, wenn der Fremde dem Petrus die Geheimrezepte für die Kunst des Fischfangs verriete! Wieviel spirituelle Kraft könnte man gewinnen, wenn dieser Meister für einige Zeit als

Gast im eigenen Haus einkehrte! Petrus versteht sofort, daß alle Versuche, die Macht dieses Fremden für sich selber nutzbar zu machen und in eigene Regie überführen zu wollen, zum Scheitern verurteilt sind. Diese Macht läßt sich nicht in Dienst nehmen. Diese Macht, die in das Leben von Menschen, aber auch in Naturvorgänge eingreift, stellt eine unheimliche Bedrohung dar. Vielleicht hat dieser Fischer irgendwann auch einmal über den Alltagstrott seines Lebens, über die Sinnleere seines Berufs lamentiert. Vielleicht hat er in besinnlichen Stunden sich sehnlich gewünscht, einmal richtig fromm zu sein und ordentlich beten zu können. Als das Heilige ihm wirklich begegnet, da erkennt er sofort, wie bedrohlich diese Situation für ihn ist. »Herr, geh weg von mir! Ich bin ein sündiger Mensch.« Die Macht, die der Fremde repräsentiert, ist lebensgefährlich, weil das Heilige den Sünder nur ausrotten kann.

Die Berufungsgeschichte des Petrus ist angefüllt mit Elementen des Epiphanie-Berichts. Die Erscheinung des Heiligen provoziert Furcht und Schrecken. Und gewinnt in diesem Rahmen eine neue, persönliche Zuspitzung: »Fürchte dich nicht! Von nun an wirst du Menschen fangen.« Was Petrus eben erlebt hat, ist Ende und Anfang zugleich. Eben ist ihm noch ein gewaltiger Fischfang gelungen – aber damit ist Schluß. Er muß Beruf und Familie verlassen und auf Menschenfang gehen. Petrus selbst ist in ein Netzwerk verstrickt. Was wie ein großer, unwahrscheinlicher Glücksfall aussah, stellt sich nun als Unfall in der Lebensplanung heraus. Die Macht, die er in seiner beruflichen Praxis erfahren hat, hat ihn umgarnt und für das ganze weitere Leben beschlagnahmt. Petrus, der Fischfänger, ist nun selber gefangen und muß auf Menschenjagd gehen.

Was könnte das heißen? Petrus weiß in diesem entscheidenden Moment seines Lebens nur eins: Er ist durch diesen Fremden in ein ungeheures Kraftfeld geraten. Eine Macht ist am Werk, die keine soziologische Basis und keine psychologischen Wirkmechanismen benötigt. Er wird das Leben von Menschen bestimmen, die jetzt noch ganz außerhalb seines Blickfeldes liegen. Ihre Sprache wird er kaum verstehen. Ihre Kultur wird ihm fremd sein. Ihre beruflichen Sorgen, ihre inneren Konflikte, ihre zivilisierten Alltagsgewohnheiten werden weit außerhalb seines Verstehenshorizonts liegen. Aber er, der Fischer vom See Genezareth, wird sie, sofern der Heilige will, gefangennehmen.

Wodurch? Wieso? Wozu? Vor allem: Wie? Der Text schweigt über alle Ohnmachtsgefühle und alle Allmachtsphantasien, die den Petrus und die anderen in diesem Augenblick überflutet haben mögen. Die Macht des Heiligen hatte sie ohnmächtig gemacht. Die Macht des Heiligen wird ihnen Macht über andere verleihen. Aber was ist zu tun? Wie sieht das neue Handwerkszeug aus? Mit welchen Netzen sollen sie an die Arbeit gehen? Petrus bleibt durch die Jahrhunderte hin mit der Frage beschäftigt: Wie nimmt man Menschen gefangen?

II.

Der Fischer vom See Genezareth scheint sehr erfolgreich gewesen zu sein. Nach der Kreuzigung Jesu war ihm als erstem der Auferstandene erschienen (1. Korinther 15,5). Alsbald hat er alte und neue Anhänger in Jerusalem und in Palästina gesammelt. Ja er hat die Ausbreitung der Jesus-Bewegung über den ganzen Mittelmeerraum noch erlebt. Im Laufe der Zeit sind Menschen aus allen Kontinenten, aus allen Rassen und vielen Religionen für den neuen Glauben gewonnen worden. Der Fischzug des Petrus hat sich über den ganzen Erdball erstreckt, seine Botschaft ist heute in fast allen Ländern vertreten. Ein Netz von Kirchentümern hat sich über die Erde gelegt, mit theologischen Lehren, mit liturgischen Feiern, mit einem ausdifferenzierten Service an Betreuungsangeboten und Verwaltungsleistungen. Hat der Fremde dies mit der Berufung des Petrus gemeint?

Wie vielschichtig und nuancenreich das Gewebe ist, das die Ausbreitung des Christentums etwa über Mitteleuropa gelegt hat, kann man einer Beschreibung entnehmen, die D. Rössler über die »Religion der Neuzeit« geliefert hat. Der Säkularisierungsthese, nach der der christliche Glaube aus dem gesellschaftlichen Leben vertrieben ist, widerspricht er grundsätzlich. Um die komplexe Vielfalt religiöser Phänomene, die auch in der Gegenwart noch zu beobachten sind, erfassen zu können, rechnet er demgegenüber mit einer dreifachen Gestalt des Christentums in der Neuzeit. Das kirchliche Christentum manifestiert sich in Gottesdiensten, Kasualhandlungen, Veranstaltungen und Institutionen, die durch einen expliziten Bezug zu den Gründungsurkunden dieser Religion charakterisiert sind. Daneben aber gibt es »das Christentum der Gesellschaft oder der Öffentlichkeit«[1], das greifbar wird »in Form von Religionsunterricht in den öffentlichen Schulen, als Text etwa in der Präambel zum Grundgesetz und mehreren seiner Artikel, als Brauch bei Eidesleistungen in Politik und dem Rechtsleben«.[2] Und schließlich gibt es neben oder zwischen diesen beiden Formen »das individuelle oder private Christentum«[3], das sich im gelegentlichen Kirchgang, im Interesse für Medienangebote oder bei der Formulierung von Trauerannoncen artikuliert.

Rössler beschreibt auf diese Weise sehr genau eine Situation, in der das christliche Erbe in vielfältigen Brechungen und Sedierungen weiterwirkt. Es erscheint in kirchlichen, öffentlichen und privaten Symbolen. Es wird praktiziert bei sozialen Gelegenheiten, die vom kirchlichen Ritual bis zur individuellen Gewohnheit reichen. Zwischen den verschiedenen Lebensbereichen werden Interdependenzen bestehen, die auf wechselseitigen Einwirkungen beruhen und von Funktionsgesetzen bestimmt sind. Das christliche Erbe ist Teil der Gesellschaft geworden, Element eines sozialen Systems, das insgesamt von vielen anderen Faktoren bestimmt wird und nach ganz anderen Gesetzen abläuft. Die Religion, wie Rössler sie ganz realitätsgerecht wiedergibt, ist noch vorhanden, aber sie lebt nicht mehr aus sich selbst, weil sie das verloren hat, was das Heilige ausmacht: Macht über Mensch und Natur, Macht gegen gottwidrige Kräfte.

Die Religion der Neuzeit, die das kirchliche und das öffentliche Leben beherrscht, hat das Heilige okkupiert und domestiziert. Die Vermehrung des Fischfangs wird mit anderen Methoden erreicht. Angst und Schrecken vor dem dämonischen Einbruch des Unheimlichen sind längst überwunden. Der Glaube reißt Menschen nicht mehr aus Beruf und Familie, sondern soll für Fleiß, Treue und harmonisches Leben sorgen. In einer pluralistischen Gesellschaft existieren die Kirchen, der Staat und die Individuen in schiedlich-friedlicher Koexistenz. Vor allem darf die Kirche den gesellschaftlichen Konsens nicht stören, indem sie Grundwerte in Frage stellt oder soziale Entwicklungen bzw. politische Gruppen kritisiert. Selbst Kirchenmitglieder reagieren betroffen, wenn sie in ihrer Lebensführung oder Glaubenshaltung im Namen des Heiligen allzu heftig attackiert werden.

Das neuzeitliche Christentum, wie es Rössler beschreibt, hat den Fremden sehr freundlich ins Haus geladen. Herr, komm nur herein. Dort in der Ecke ist noch ein ruhiges Plätzchen für dich. Und nach Feierabend, wenn die Arbeit getan ist, erzählst du uns ein paar schöne alte Geschichten. Wer den Fremden so scheinbar aufgeschlossen empfängt, hat sich gegen alle bedrohlichen Aspekte, die sein Eintritt enthält, vollkommen abgeschottet. Er hat nun in der Tat vor der Macht des Heiligen fast nichts zu befürchten. (Sicher sein kann man nie!) Aber wenn diese Macht wirklich entmächtigt ist, dann geht auch ihre innovative Lebenskraft für die Menschheit verloren. Das System funktioniert weiterhin. Die Kirche redet. Die Gesellschaft produziert und konsumiert. Der/die einzelne verbringt seine/ihre Zeit. Aber menschliche Praxis in allen Bereichen ist dann von jener Erfahrung bestimmt, die Petrus zu Beginn seiner Begegnung mit dem Fremden so formuliert: »Wir haben die ganze Nacht gearbeitet und nichts gefangen.«

III.

Die Menschen, die Petrus mit seiner Lebensarbeit gefangen hat, sind heute, soziologisch gesehen, in ein vielfältiges Netz von Abhängigkeiten und Rollen verstrickt. Religion ist für sie, die keinen klerikalen Beruf ausüben, zur Freizeitbeschäftigung geworden. Nach Feierabend, am Sonntagmorgen versammelt man sich in Gruppen, so wie andere sich beim Sportverein engagieren oder ihren Vorgarten pflegen. Was in diesem Hobbybereich der Kirchengemeinde an positiven Wirkungen abläuft, sind angenehme Kontakte mit anderen Menschen, ist ein Ausgleich für beruflichen Streß oder die Ablenkung von persönlichen Sorgen. Die Macht des Heiligen, die Menschen ergreift und ihr Leben verändert, wird in der kirchlichen Freizeitwelt nur ganz ausnahmsweise erfahren.

Auch die Art, wie man mit Menschen umgeht, hat sich entscheidend gewandelt. Aus Petrus, dem Fischer, ist der Helfer geworden. Männer und Frauen werden nicht mehr vollmächtig herausgerufen aus ihrem bisherigen Leben, sondern in den Beschädigungen, die sie erlitten haben, betreut und für die alte Arbeit mit neuen Kräften versehen. Wo Kirche mehr bietet als eine mehr oder weniger interessante Feierabendbeschäftigung, da sind Seelsorge, Beratung, Diakonie angesagt. Beschädigtes Leben soll wieder geheilt, verzweifelte Menschen sollen getröstet, Randgruppen in der Gesellschaft müssen verteidigt und aktiviert werden. Wenn etwa die Notwendigkeit der Kirchensteuer gegenüber skeptischen Zeitgenossen begründet werden soll, kann die Kirche mit einigem Recht auf jene Aktivitäten und Anstalten verweisen, in denen sie sich um menschliches Elend jeglicher Art intensiv und sachkundig kümmert. Was in der Verborgenheit kirchlicher Hilfsmaßnahmen geschieht, entspricht dem kirchlichen Auftrag und leistet einen wichtigen Beitrag zur Menschlichkeit in der Gesellschaft.

Dennoch: Man darf nicht übersehen, daß sich damit die Petrus-Praxis grundlegend verändert hat. Wenn der Fischer zum Helfer geworden ist, dann wirkt er nicht mehr aktiv, sondern reaktiv. Dann geht er nicht von sich aus auf

Menschen zu, um sich in ihr Leben einzumischen, sondern dann wird das Gesetz des Handelns von anderen bestimmt. Andere Mächte mischen sich in das Leben der Menschen ein, beschädigen sie an Körper und Seele, verführen sie mit Hoffnungsbildern von Freiheit und Glück, die das erbärmliche Alltagsleben nur um so schwerer erträglich machen. Petrus wird dann noch immer gebraucht, als Tröster, Betreuer und Helfer. Aber wehe ihm, wenn er Menschen mit dem konfrontiert, was ihm selbst widerfahren ist, und wenn die Macht des Heiligen durch seine Arbeit Menschen in ihrer Todeswelt ergreift und herausreißt.

Die Helferpraxis bleibt unter dem Diktat jener Mächte, die Opfer produzieren, auch wenn sie durch die Betreuung der Opfer gegen die destruktiven Tendenzen anzuarbeiten sucht. Das ist auch in einer anderen Hinsicht problematisch. Denn sie versucht immer wieder, die Macht des Heiligen durch seine funktionale Leistungsfähigkeit zu legitimieren. Für einen runden Urlaub, für eine glückliche Ehe, für ein gelingendes Leben wird in den kirchlichen Werbesprüchen der Glaube als Rezept anempfohlen. Die Macht des Heiligen wird als Heilmittel angepriesen, als Medikament für Konfliktbewältigung und Krisenerfahrung. Als ob es nicht schrecklich sei, »in die Hände des lebendigen Gottes zu fallen« (Hebräer 10,2).

Es ist in diesem Zusammenhang nur konsequent, daß die Helferpraxis der Kirche sich durchweg nichtreligiöser Methoden bedient. In den beiden letzten Jahrzehnten hat es einen großen Import sozialwissenschaftlicher Konzeptionen in die Praktische Theologie und in die Handlungsfelder der Kirche gegeben. Die Homiletik hat sich um die Kommunikationswissenschaften bemüht, die Seelsorge hat tiefenpsychologische Ansätze unterschiedlicher Schulen rezipiert, die Gemeindearbeit ist durch Einsichten der

Gemeindepädagogik und der Organisationssoziologie gefördert worden. Das alles ist notwendig und auch fruchtbringend gewesen. Es hat die kirchlichen Hilfsmöglichkeiten erweitert, den Dilettantismus der Helfer wenigstens ein Stück weit überwunden und auch dafür gesorgt, daß sich die kirchlichen Angebote auf dem großen Markt, der sich inzwischen aufgetan hat, vor der Konkurrenz nicht verstecken müssen. Dennoch steht fest: Das Netz, mit dem Petrus inzwischen auf Menschen zuzugehen gelernt hat, ist von anderen gestrickt und kann, was seine sachgemäße Verwendung betrifft, auch von anderen, nichtkirchlichen Hilfsarbeitern ohne große Schwierigkeiten angewandt werden. Der kirchliche Helfer kann Kommunikationsbedingungen reflektieren, er kann Gesprächsmethoden gezielt einsetzen, er kann auch Leitungsaufgaben wahrnehmen. Was er, jedenfalls als Theologe/in, andauernd tut, ohne es in seinen methodischen Implikaten auch nur annähernd zu verstehen, ist: beten, segnen, im Namen Gottes reden. Die meisten Pfarrer/innen sind, was die Arbeit mit der Macht des Heiligen angeht, methodische Analphabeten.

IV.

Jesus hat das Reich Gottes gepredigt, gekommen ist die Kirche.«[4] Petrus hat Beruf und Familie verlassen, um Menschen für das Reich Gottes zu fangen. Entstanden ist eine Gemeinschaft, die auf vielfältige Weise mit der Gesellschaft verknüpft ist und die sich bestenfalls darum bemüht, anderen in ihrem beschädigten Leben zu helfen. Die Kirche ist kein politischer Machtfaktor mehr. Sie hat anscheinend auch die Fähigkeit eingebüßt, von der Macht des Heiligen her bestimmend ins Leben der Menschen einzugreifen.

Was ist mit Petrus auf seinem Weg durch die Zeiten passiert? Immer wieder hat man versucht, die Kirchengeschichte als eine Verfallsgeschichte zu schreiben. Da hat es einen großartigen Anfang gegeben mit Jesus aus Nazareth, einer Gestalt, die alle menschlichen Ideale in sich vereinigt hat. Da hat in den ersten Gemeinden der Heilige Geist die Menschen wirklich ergriffen, hat sie zur Predigt des Evangeliums fähig gemacht und in geschwisterlicher Liebe zueinandergeführt. Aber dieser machtvolle geistreiche Anfang wurde alsbald überformt vom Ordnungsbedürfnis der Kleriker, von der theologischen Zensur der Dogmatisten. An die Stelle der freien Charismen, die aus der Machterfahrung des Geistes lebten, ist die kirchliche Institution getreten, die den Enthusiasmus in Ordnungsbahnen gelenkt und das Erbe Jesu in theologische Verwaltung genommen hat.

Die großen Reformbewegungen in der Kirchengeschichte wollten, diesem Verfallsmodell entsprechend, wieder zurück zu den Anfängen. Weil die mittelalterliche Kirche verweltlicht war, weil sie sich irdischer Macht angepaßt und irdischen Reichtum angehäuft hatte, kehrte die Reformation zurück zu den einfachen Lebensordnungen der Urgemeinde. Und der Pietismus wollte die Macht des Geistes wieder erwecken, der in den theologischen Rechthabereien der Orthodoxie verlorengegangen schien. Eine wesentliche Linie, die die Diskussionen in der Kirchengeschichte durchzieht, ist von der Machtfrage bestimmt. Inwieweit kann und muß die Macht des Heiligen in die geordneten Bahnen einer Institution geleitet werden? Wie verhält sich die Macht des Heiligen, die sich im Leben der Christen manifestiert, zu den anderen Machtzentren in der Gesellschaft, zu staatlicher Macht, zu wirtschaftlichem Reichtum? Und was wird aus Menschen, die der Geist Gottes ergreift, die aber weiterhin in ihrem angestammten sozialen Kontext und mit ihren normalen psychischen Bedürfnissen leben müssen?

»Herr, geh weg von mir!« Petrus ahnt, was ihm droht. Die Ankunft des Heiligen stiftet Verwirrung. Menschen werden aus der Bahn ihrer Biographie geworfen, Lebensplanungen werden durcheinander gebracht, Ent-Scheidungen werden fällig, die bisherige Kontakte und Loyalitäten zunichte machen. Petrus ist dem machtvollen Ruf des Fremden verfallen und zur Menschenjagd aufgebrochen. Aber er hat je länger je mehr darauf zu achten gelernt, daß der Ruf des Glaubens die gewachsenen Bindungen des Lebens nicht zerstört. Deshalb hat er eine Gemeinschaft organisiert, die durch vielfältige Interdependenzen mit der Gesellschaft verkoppelt ist. Und deshalb bedient er sich in seiner Helfertätigkeit auch solcher Methoden, die von der Einsicht in die allgemeinen Wirkungsgesetze der menschlichen Psyche geprägt sind.

»Herr, geh weg von mir!« Die ganze Kirchengeschichte bis hin zur Gegenwart kann man auch verstehen als den permanenten Versuch, sich im Bannkreis des Heiligen die Macht des Heiligen vom Leib zu halten. Eine grundlegende Kunst kirchlicher Praxis ist die Dosierung des Geistes. Menschen wollen auch heute mit dem Heiligen in Verbindung treten. Es gibt zahlreiche Figuren am Rand und außerhalb der Kirche, die religiöse Erfahrungen von höchster Intensität vermitteln und auf diese Weise erhebliche Veränderungen am Lebenslauf einzelner, vor allem junger Menschen bewirken. Petrus hat inzwischen gelernt, daß diese Art, Menschen zu führen, für alle Beteiligten höchst gefährlich ist. Also arbeitet er seit langem mit der Strategie der Dosierung. Ahnungen von jener Macht des Heiligen will er vermitteln. Aber die Ergriffenheit durch den Geist soll nicht zur Besessenheit führen. Petrus, der sich um Jesu willen von Beruf und Familie getrennt hat, will den anderen sein eigenes Schicksal ersparen. Aber vielleicht ist ja wahr: Wer nicht vom Netz Gottes erfaßt wird, bleibt in anderen Netzen gefangen.

DER FELS

Auf diesen Felsen will ich meine Gemeinde bauen.

Matthäus 16,18

Wenn die Pforten der Todeswelt das Leben auf dieser Erde gefährden, dann ist Petrus gefragt, ob er diesen Planeten wirklich als Gottes Schöpfung betrachtet und wie er sein Verhältnis zu dieser Schöpfung zu gestalten gedenkt.

I.

Der Fischer vom See Genezareth hat, weil er in Zukunft Männer und Frauen einfangen soll, Beruf und Familie verlassen. Er ist aufgebrochen und ausgebrochen. Unstet und flüchtig ist sein Leben geworden. In der Nachfolge hat er alle Sicherheiten eines geordneten Durchschnittsdaseins verlassen. Um des Reiches willen ist er zu einem Landstreicher geworden, der unbehaust und ungepflegt durch die Dörfer zieht.

Unterwegs bekommt er ein Wort zu hören, das ihn eigentlich größenwahnsinnig machen muß. »Du bist Petrus, auf diesen Felsen will ich meine Gemeinde bauen.« Historisch ist, wie immer an den entscheidenden Stellen, fast alles umstritten. Das Wort kann von Jesus stammen, aber auch auf die aramäisch oder griechisch sprechende Gemeinde zurückgehen. Es kann vor oder nach dem Tod Jesu formuliert worden sein und das Wirken des Petrus zu Beginn oder im Rückblick charakterisieren. Mögen die räumlichen und zeitlichen Umstände seiner Entstehung auch unsicher sein, der Sinn des Satzes ist im Kern unumstößlich. Es geht um die Dauerhaftigkeit dessen, was Petrus mit seiner Arbeit erreichen wird. Petrus, der Fels, wird zum Fundament für die künftige Kirche.

Anklänge an alttestamentliche Überlieferungen können mitschwingen (Jesaja 28,14–22; 51,1). Im weiten Feld der Religionsgeschichte ist der Stein, etwa in Gestalt des Altars, immer wieder zum Ort der Gottespräsenz geworden. »Der Stein ist konzentriertestes Symbol der Anwesenheit Gottes, wenn er als Mittelpunkt des Tempels und des Gotteshauses zum Altarstein mit heiligen Ölen bestrichen und konsekriert wird; auf ihm vollzieht sich jedesmal neu das

Mysterium der Gottesnähe, sooft auf ihm die Opferhandlung vollzogen wird.«[1] Aber dieses Motiv ist hier erheblich verändert. Petrus wird hier nicht zum Repräsentanten der Gottheit, sondern zum Fundament der Gemeinde ernannt. Historisch setzt der Vers also »nur den Namen Kephas-Petrus, den Gedanken der Kirche als Tempel und Bau und die Tendenz der nachapostolischen Zeit, die Apostel als Fundamentgestalten der Kirche zu verstehen, voraus.«[2] Was ist mit dieser fundamentalen Funktion des Petrus gemeint? Worin ist sie begründet? Und wer ist eingeschlossen darin?

Ein Fels ist ein Machtphänomen höchst eigentümlicher Art. Er ist resistent gegen menschliche Aggressionen. Er widersteht auch, selbst wenn steter Tropfen den Stein höhlt, in seiner kompakten Gestalt dem nagenden Zahn der Zeit. Die Macht, die dem Petrus verheißen wird, wird deshalb durch die Gegenmacht definiert, die alles Leben beherrscht: »Die Tore der Totenwelt werden sie nicht überwältigen« (Matthäus 16,18). Es geht an dieser Stelle also noch gar nicht um eine soziale Machtposition, um Probleme von kirchlicher Hierarchie oder Fragen der Amtsautorität. Es geht um Lebensmacht im engen und strengen Sinn, um die Fähigkeit zu überleben, weil die gefräßigen Pforten der Todeswelt einen nicht überwältigen können. Das, was durch Petrus geschieht, bleibt den destruktiven Potenzen der Welt- und der Religionsgeschichte entzogen. Im Felsenwort wird der Gemeinde, die mit Hilfe von Petrus entstehen wird, die Macht der Unzerstörbarkeit zugesagt.

Petrus, der Fels, wird für die Gemeinde ein Fundament bilden, das durch alles belastbar und durch nichts zu erschüttern ist. Was kann damit gemeint sein? Der Fischer vom See Genezareth hat gelebt und ist dann gestorben. In der Gemeinde von Jerusalem hat er eine so wichtige Rolle gespielt, daß man ihn zu den »Säulen« gezählt hat (Galater 2,9). Aber dem Todesgeschick ist er deswegen nicht entgangen. Auch an seiner persönlichen Standfestigkeit kann man zweifeln. Nach den Evangelien versagt er, nachdem man Jesus gefangen hat (Markus 14,66ff.), und Paulus kritisiert seine inkonsequente Haltung gegenüber den Heidenchristen, die er sich nur aus persönlicher Feigheit erklären kann (Galater 2,11). Der Mensch Petrus scheint in Konflikten durchaus wankelmütig gewesen zu sein. Zur Rede gestellt, hat er anpassungsbereit reagiert. Und wie die meisten, die Leitungspositionen versehen, hat die »Säule« gewußt, wann sie umfallen muß. Petrus – der Fels? Die Biographie dieser Person enthält viele Risse und Unsicherheiten. Dieser Mann ist weder unsterblich noch unerschütterlich gewesen. Was an ihm soll aber dann die Grundlage für den Bau der Gemeinde bilden?

Die reformatorischen Theologen sind wohl auch exegetisch im Recht gewesen, wenn sie das Felsenwort, das Jesus an Petrus richtet, aufs engste mit dem Christusbekenntnis verknüpft sahen, das Petrus gegenüber Jesus ausspricht. Eben dadurch unterscheiden sich die Jünger von interessierten Zeitgenossen, die Jesus für eine wieder erschienene Gestalt aus der Heilsgeschichte halten; er sei Elia, Jeremia oder Johannes der Täufer, sagen die Gerüchte und Einschätzungen, die unter dem Volk in Umlauf sind. Petrus wiederholt in feierlicher Form dagegen jenes Bekenntnis, das alle Jünger nach der Erfahrung des Wasserwandels schon einmal abgegeben haben (Matthäus 14,33): »Du bist Christus, der Sohn des lebendiges Gottes!« (Matthäus 16,16) Diesem Bekenntnis korrespondiert bis in die sprachliche Gestaltung hinein die Bekundung: »Du bist Petrus, die Grundlage für den Bau meiner Gemeinde!«

Christusbekenntnis und Felsenverheißung – nach welcher Logik gehören beide Sprechakte untrennbar zusammen? »Du bist Christus – du bist Petrus.« Im Austausch der Worte vollzieht sich ein Wechsel von Lebensmacht. Wer Jesus als den Messias, den Sohn Gottes, als Repräsentanten des Heiligen anerkennt, der tritt mit dieser Aussage in den Wirkungsbereich jener Macht des lebendigen Gottes, der in der Person des Mannes aus Nazareth anwesend ist. Das Bekenntnis ist also nicht nur die Definition und Identifikation einer fremden Person. Es vollzieht auch nicht nur die abgrenzende Unterscheidung gegenüber den anderen, die Jesus auf ihre Weise zu identifizieren versuchen. Das Bekenntnis ist eine personale Zuwendung, auf der Basis einer sachgemäßen Wahrnehmung, mit der Folge des Zugangs zu einem Machtbereich. Petrus hat, indem er das Bekenntnis spricht, die Wahrheit Jesu zur Sprache gebracht und ist so unter die Macht jener Wirklichkeit geraten, die Jesus repräsentiert. In seinem Bekenntnis kommt die Macht des lebendigen Gottes zu Wort. Kein sterblicher Mensch kann das selber entdecken oder erdenken. Deshalb wird dieses Bekenntnis von den Schlünden und Abgründen der Todeswelt nicht zu vertilgen sein. Und deshalb werden die, die an diesem Bekenntnis festhalten, trotz allen persönlichen Scheiterns der Todesmacht nicht verfallen.

II.

Petrus hat mit seinem Bekenntnis eine Atmosphäre der Unzerstörbarkeit erschlossen. Die Gemeinde, die auf diesem Fundament aufbaut, wird von den Fängen der Todeswelt nicht ergriffen werden. Immer wieder ist deshalb die Kirche in ihrer Geschichte von der Frage bewegt, wie die verheißene Dauer personell, strukturell oder ideell zu organisieren sei. Und gerade in einer Gegenwart, die so viel von den geschichtlichen Wandlungen und den gesellschaftlichen Abhängigkeiten des kirchlichen Lebens begriffen hat, ist die Sehnsucht nach konkreten Faktoren der Konstanz, der Zeitentzogenheit und der Weltüberwindung begreiflicherweise groß. Die Macht der Unzerstörbarkeit, die der Kirche verheißen ist, muß sich in der Kirche und durch die Kirche darstellen lassen!

Auf der Suche nach dem Felsen landen protestantische Theolog/innen auch in diesem Jahrhundert häufig im Raum. Als Beispiel kann der württembergische Pfarrer Richard Baumann dienen, der 1956 in einem umfangreichen Buch über den »Fels der Kirche« die Protestanten nach ihrem Verhältnis zum Papsttum befragt und seinen eigenen Weg zum römischen Katholizismus begründet hat. Im Kern ist auch er von der Felsenfrage bewegt: »Welches ist die Wirklichkeit und Wahrheit, die durch den lebendigen Gott auch heute und bis an der Welt Ende da ist, und die in der Verkündigung jedermann zugerufen wird, die geglaubt und erkannt wird, die teilweise unsichtbar, teilweise auch sichtbar ist?«[3] Wahrheit und Wirklichkeit Gottes werden für ihn erfahrbar in jenem Petrusamt, das Jesus selber seiner Kirche gestiftet hat. Im Primat dieses Amtes ist jene Unzerstörbarkeit institutionalisiert, die sich aus der lebenserschließenden Kraft ihres Wirkens ergibt. Deshalb zitiert Baumann mit großer Zustimmung Ephraem, den Syrer, der die kosmische Dimension der Felsenverheißung benannt hat: »Der Turm der Kirche, der auf dem festen Grund des Petrusfelsens ruht, vermittelt den Zugang zu den Höhen der Himmelswelt und dem Lebensbaum, das heißt zu den Paradieseshöhen. Dagegen ist der von Menschen erbaute Turm der Turm von Babel. Die Festigkeit des Petrusfelsens geht daraus hervor, daß er den heiligen, zum Paradies führenden Turm, die Kirche, trägt, und daß er den Unterweltsmächten, dem Satan und der Sintflut, widersteht. Der Petrusfelsen vermittelt also den Zugang zur Oberwelt und trotzt den Mächten der Unterwelt.«[4] Gegen den Abgrund der Unterwelt der Turm in den Himmel, gegen die Sprachenverwirrung die Einheit, gegen die Wassermassen der Sintflut der Fels – was beim syrischen Kirchenvater noch von der ganzen Gemeinde ausgesagt ist, wird bei Baumann auf jenen einen Bischof bezogen, der sich kraft apostolischer Sukzession als Nachfolger des Petrus versteht und mit seinem Primat die Lehr- und Jurisdiktionsgewalt in der Kirche beansprucht.

Faszinierend kann diese Konstruktion einer zeitüberdauernden Institution bis heute wirken, weil sie in der hierarchischen Struktur, in der ideologischen Legitimation, aber auch in der Kunst der Selbstinszenierung allen Sehnsüchten nach einer faßbaren Präsenz des Absoluten gerecht wird. Dieses eine Amt geht unbezweifelbar auf die Einsetzung des Sohnes Gottes zurück. Es hat die Kontinuität der kirchlichen Tradition durch die Jahrhunderte hindurch trotz aller Gefährdungen bewahrt, und es repräsentiert in der weltweiten Christenheit jene Einheit und Autorität, die gerade für das Verständnis der Schrift in Verkündigung und Lehre unabdingbar erscheint. Im Papsttum präsentiert sich die Kirche als jene heilvoll objektive Institution, die auf der Basis der Stiftung Christ beruht, die die Gnaden- und Wahrheitsgüter verwaltet und deren Bestand bis ans Ende aller Zeit garantiert ist. Hier scheint die Macht des Heiligen eine soziale Gestalt gefunden zu haben, die menschliche Fehlsamkeit nicht grundsätzlich ausschließen und bestreiten muß, um dennoch die Wirklichkeit göttlicher Gegenwart in den Aktionen dieses Amtes behaupten zu können.

Protestantische Überheblichkeit sollte keiner Selbsttäuschung verfallen. Die subjektive Sehnsucht nach innerer und äußerer Stabilität ist auch in der eigenen Konfession ungeheuer. Und die objektive Aufgabe, die Unzerstörbarkeit des Heiligen praktisch und theoretisch zu begreifen, ist auch hier unvermeidlich gestellt. Wenn nicht das Petrusamt mit allen institutionellen und theologischen Regelungen, die daran hängen und die das Fundament des römischen Katholizismus bilden, wenn nicht dieses Petrusamt die Konstanz der göttlichen Gegenwart repräsentiert, muß man versuchen, die Felsenkraft göttlicher Offenbarung in anderen Phänomenen zu finden. Dann kann die Bibel in ihrer wortwörtlichen Inspiriertheit zu einer solchen unangreifbaren Kraftquelle werden. Oder es werden die Bekenntnisschriften zu einer Basis erhoben, an der sich nicht nur Konfessionszugehörigkeit definiert, sondern auch das Kirchesein der Kirche entscheidet. Man kann das »Evangelium« auf eine Weise fixieren, daß man Einsichten aus Wissenschaft und Therapie, aus Frauen- und Befreiungsbewegungen als ketzerisch abwehren muß.

Man kann aber auch, wenn man die geschichtliche Verflochtenheit des kirchlichen Lebens und des theologischen Denkens ungeschminkt wahrnimmt, zu einem zynischen Relativisten werden. Du bist Petrus, der Fels – ein frommer Wunsch, allen Menschen aus dem Herzen gesprochen, eine Sehnsucht angesichts der Vergänglichkeit, ein Traum, der selber unsterblich ist, weil er zur Sterblichkeit des Menschen dazugehört. Gerade durch die psychologische Durchleuchtung der Wirkungszusammenhänge, die eine solche Metapher enthält, löst sich ihr Wirklichkeitsgehalt letztlich auf. Man kann dann zwar die biblischen Verheißungen anthropologisch fundieren, weil sie in der Tat archaischen Sehnsüchten, Wünschen und Ängsten entsprechen.[5] Aber sie geraten auf diese Weise sehr stark unter Illusionsverdacht, weil sie Produkte einer projektiven Wunscherfüllung sein können. Weil alle Menschen von einer Felsenexistenz träumen, darum sind alle auch eine Petrus-Figur. Das ist der homiletische, katechetische und seelsorgerliche Gewinn einer solchen Betrachtung. Aber weil die meisten ahnen, daß ihr Wunsch nie Wirklichkeit werden wird, werden sie allen, die ihnen dessen Realisierung versprechen, mit Skepsis begegnen. Nicht einmal die Psychologie mit ihrem Aufweis konstanter Strukturen und permanenter Konflikte vermag also eine tragfähige Basis für die Machterfahrung des Petrus zu geben. Menschen können von ihren Sehnsüchten her die Verheißung, die er zu hören bekam, verstehen. Aber der Wirklichkeitsgehalt dieser Verheißung verflüchtigt sich, wenn man sie von psychischen Funktionsmechanismen her interpretiert. Letztlich zeigt die psychologische Betrachtung dasselbe Ergebnis wie die soziologische Bemächtigung: Das Heilige in seiner Eigenmacht löst sich auf. Es läßt sich weder als Legitimation einer hierarchischen Institution noch als Kompensation für psychische Frustrationen erfassen. Die Macht, die im Felsenwort Petrus und der Gemeinde Anteil an der eigenen Unüberwindlichkeit gewährt, transzendiert die sozialen und psychischen Strukturen, in denen sie wirkt.

III.

Die Macht Gottes ergreift Menschen im Akt des Bekennens. Im Vollzug dieses Aktes gewinnt die Kirche das, was sie weder durch eine noch so durchdachte soziologische Organisation noch durch eine präzis begründete psychologische Strategie zu gewinnen vermag: den ihr eigentümlichen character indelebilis, der keine Auszeichnung des Klerikerstandes darstellt, sondern durch die Taufe auf den Namen und in den Machtbereich des Dreieinigen Gottes allen Gemeindegliedern verliehen wird. Daß man hier sehr genau zwischen menschlicher Vergänglichkeit und gottgewirkter Unüberwindbarkeit unterscheiden muß, hat in wohltuenden Worten K. Barth deutlich gemacht.

Die Gemeinde Jesu Christi ist für ihn »*wohl zerstörbar, sie kann und wird aber faktisch nicht zerstört werden.* Sie ist wohl *zerstörbar.* Sie gehört zur Kreaturwelt, die noch die Welt des Fleisches, des vergehenden, vom Nichtigen und allen seinen Dämonen angefochtenen Menschen, die Welt des Todes ist: mit allem, was Menschen da nun eben in christlicher Form denken und dichten, wollen und tun, planen und vollbringen. Sie könnte wie so viele andere menschliche Bildungen, Reiche und Systeme einmal ihre Zeit gehabt haben und dann dahin sein. Es könnte einmal mit ihr zu Ende gehen. Sie hat keine Wunderqualität, durch die sie dagegen gefeit, durch die ihre Konstanz in der Welt, jenes *perpetuo mansura* est von *Conf. Aug.* VII ihr zum vornherein garantiert wäre. Sie könnte zerstört werden. Sie kann und wird aber faktisch *nicht zerstört* werden. Sie kann wohl in einen Winkel hinein verfolgt und daselbst in die kleinste Minderheit versetzt, sie kann aber nicht ausgelöscht werden. Sondern hier zum Verschwinden gebracht, wird sie sich dort erst recht wieder erheben. Sie kann wohl Ignorierung, Demütigung, Verachtung durch eine in übermächtiger Fremdheit an ihr vorübereilende Welt ertragen müssen, sie kann und wird aber auch unter dieser Last nicht zusammenbrechen, sondern sich behaupten in einer Höhe, an der die Überlegenheit der Überlegenen faktisch zuschanden wird. Sie kann durch ihre eigene Trägheit und Zerstreuung der Säkularisierung verfallen; die kann und wird ihr aber nie so auf den Grund gehen, daß nicht auch in ihrer schwersten Überfremdung ein dem Säkularen widersprechendes Element übrigbleibt: ein Rest, von dem aus es plötzlich oder allmählich zur Gegenbewegung kommen kann und in irgendeiner Form noch immer gekommen ist. Sie kann sich auch die Maskerade der Sakralisierung in dieser oder jener Form leisten und wird dann dafür bezahlen müssen, aber irgendwo wird inmitten alles falschen Glanzes, mit dem sie sich umgibt, auch das echte, das wirkliche Licht des Evangeliums unter den in so wunderlicher Weise um die *sancta* vereinigten *sancti* weiterleuchten, wird dann auch deren *communio* Bestand haben und behalten. Kurz: Die Gemeinde kann der sie von außen und von innen bedrohenden Gefahr oft genug fast, aber doch immer nur *fast, nie ganz*, erliegen. Sie kann krank werden – und wann und wo war sie eigentlich nicht schwer krank? In welcher großen und in welcher kleinen Kirchengemeinschaft nicht? In welcher Zeit des Aufschwungs etwa weniger als in den Zeiten ihres Niederganges? – Sie kann aber nicht sterben: *non omnis moriar*. Ein merkwürdiges Durchhalten wird sich da immer wieder bemerkbar machen, auch merkwürdige Reformationen und prophetische Erneuerungen, merkwürdige Entdeckungen, gefolgt von merkwürdigen Rückgriffen auf ihre Ursprünge und ebenso merkwürdige Vorstöße in die Zukunft hinein werden da stattfinden: gewiß im Schatten der Zerstörbarkeit aller, auch aller christlichen Menschenwerke, der alten wie der neuen, aber doch auch als Anzeichen des Unzerstörbaren jenseits aller menschlichen Werke, das da auf dem Plane ist. Es wird ihnen nicht gelingen: den Weisen und Gewaltigen dieser Welt nicht und den schwankenden Gestalten der Christenheit selbst auch nicht – es wird ihnen allen nicht gelingen, der Gemeinde, bevor ihre Zeit um ist, bevor sie zu ihrem Ziel gekommen ist, ein Ende zu setzen.«[6]

Das Bekenntnis, in dem sich die Unzerstörbarkeit der Gemeinde Gottes artikuliert, ist natürlich nicht einfach Gegenstand historischer Pflege, sondern wird als jeweils aktuelles Wagnis im Streit der Meinungen öffentlich proklamiert werden. Man kann, wie während der 80er Jahre an manchen Orten geschehen, den Geburtstag Luthers, den Jahrestag der Theologischen Erklärung von Barmen in großen Jubelfeiern begehen und doch die aktuelle Bekenntnisaufgabe, den Widerspruch gegen den Rüstungswahnsinn, vergessen. Damit kein falscher Eindruck entsteht: Die kirchlichen Bekenntnisse der Vergangenheit sind durchaus zu respektieren und genau zu interpretieren. Aber sie entlassen keine Generation aus der Pflicht, die Bekenntnisaufgabe in den Konflikten ihrer Zeit neu wahrzunehmen. Nur als lebendiges, gegenwartsbezogenes Bekenntnis vermittelt es Anteil an der Macht des lebendigen Gottes.

Deshalb ist auch die herkömmliche Beschreibung möglicher Bekenntnisinhalte neu zu überdenken. In der Petrus-Szene geht es um die Christus-Frage. Und Probleme der Christologie wie der Trinitätslehre haben jahrhundertelang im Zentrum kirchlicher Kontroversen gestanden. Durch die Reformation haben Fragen der Anthropologie und der Ekklesiologie Bekenntnischarakter gewonnen, die

dann von den verschiedenen Konfessionen in unterschiedlichen Lehrsätzen im Blick auf Sünde und Rechtfertigung,
Sakrament und Amt fixiert worden sind. Durchweg ging
es dabei immer um Problembereiche, die im zweiten Artikel des Credo beheimatet sind. Und gerade in der lutherischen Tradition hat man sich große Zurückhaltung
auferlegt, Fragen, die den ersten Artikel, die Schöpfungs-
lehre und das menschliche Handeln, also die Ethik betreffen, in den Bekenntnisrang zu erheben.

Im Zeitalter der Lebensgefahr ist zu prüfen, ob die bisher mit guten Gründen geübte Einschränkung nicht mit
ebenso guten Gründen zu relativieren ist. Wenn die Pforten der Todeswelt das Leben auf dieser Erde gefährden,
dann ist Petrus gefragt, ob er diesen Planeten wirklich als
Gottes Schöpfung betrachtet und wie er sein Verhältnis zu
dieser Schöpfung zu gestalten gedenkt. Er wird dabei mit
vielen Gruppen und Gesinnungsfreunden kooperieren
können, die aus den unterschiedlichsten Motiven heraus
genau wie er den globalen Zerstörungsprozeß aufhalten
wollen. Die Bekenntnisdifferenz, die Petrus von vernünfti-
gen, interessierten und engagierten Zeitgenossen trennt,
wird sich wahrscheinlich an jenem Punkt ergeben, der die
verursachende Macht hinter den Destruktionsprozessen betrifft. Die Lebensgefahr, die weltweit bedrohlich zunimmt,
erwächst aus dem Mammonsdienst. So ist es jedenfalls
im lutherischen Bekenntnis zu lesen, wenn der Reformator
im Großen Katechismus zur Erklärung des 1. Gebots
feststellt: »Ein ›Gott‹ heißt etwas, von dem man alles
Gute erhoffen und zu dem man in allen Nöten seine Zu-
flucht nehmen soll.«[7] Wie solch ein Gott, der allen Leben
verspricht und den Tod bewirkt, in der Regel aussieht,
konkretisiert Luther sofort: »Das ist ja auch der allerge-
wöhnlichste Abgott auf Erden. Wer Geld und Gut hat, der

weiß sich in Sicherheit und ist fröhlich und unerschrocken, als sitze er mitten im Paradies; und umgekehrt, wer keins hat, der zweifelt und verzagt, als wisse er von keinem Gott. Man wird ja ganz wenig Leute finden, die guten Muts sind und weder trauern noch klagen, wenn sie den Mammon nicht haben; das klebt und hängt der (menschlichen) Natur an bis ins Grab.«[8]

Wo findet man Sicherheit, Lebensdauer und Lebensgewißheit? Man kann Schätze ansammeln. Man kann um des Geldes willen den Sohn Gottes verraten und die Schöpfung Gottes zerstören. Man kann auch in der Gemeinde auf den eigenen Vorteil bedacht sein. Das Neue Testament beschreibt in brutalen Szenen, wie gefährlich Lebensstrategien sind, die sich auf eine irdische Großmacht verlassen (Lukas 16,19 ff.; Matthäus 27,3 ff.; Apostelgeschichte 5,1 ff.). Man kann sich aber auch in den Schoß der Mutter Kirche verkriechen, dem gottgestärkten Mann in Rom vertrauen, Traditionspflege treiben, Jubelfeiern veranstalten und das alte Bekenntnis zur eigenen Selbstbestätigung immer neu repetieren. Den Felsengrund der eigenen Existenz hat die Gemeinde damit noch längst nicht gefunden.

Im Bekenntnis, das seinen Namen verdient, weil es in die Gegenwart zielt, stellt die Kirche immer neu die Machtfrage als Vertrauensfrage. Im Bekenntnis sieht sich die Kirche heute herausgefordert, aus der Kraft des Heiligen Geistes den Todescharakter der Mammonsmacht, die sich mit Glücksverheißungen und Freiheitsversprechen tarnt, beim Namen zu nennen. Nur im Kampf gegen den Prozeß der Lebenszerstörung, in den sie passiv und auch aktiv verwickelt ist, wird die Kirche ihrer Unzerstörbarkeit innewerden. Wer den Sohn des lebendigen Gottes bekennt, muß dem Dienst des tötenden Gottes entsagen und alle Menschen vor dem Dienst dieses Gottes warnen.

74

Die Schlüssel

Ich will dir die Schlüssel des Himmelreichs geben,
und alles, was du auf Erden binden wirst,
soll auch im Himmel gebunden sein,
und alles, was du auf Erden lösen wirst,
soll auch im Himmel gelöst sein.

Matthäus 16, 19

Eine Kirche, die das ihr anvertraute Schlüsselamt ernst nimmt, darf sich nicht mit plausiblen Diskussionsbeiträgen begnügen. Wenn die Schöpfung Gottes vernichtet wird, muß im Namen Gottes Umkehr gepredigt werden. Die Vollmacht der Kirche, die aus dem Kontakt mit dem Heiligen erwächst, wird sich in der Fähigkeit zu jenen Unterscheidungen fruchtbar erweisen, die für den Glauben konstitutiv und für das Leben elementar sind.

I.

Petrus, von Haus aus Fischer, in Zukunft Fels für den Bau der Gemeinde, wird mit den Insignien einer spezifischen Macht ausgestattet. Sein Bekenntnis ist nicht nur das Fundament, auf dem sich durch die Zeiten hindurch die Gemeinde der Heiligen aufbauen wird. Sein Bekenntnis bildet auch die Grundlage dafür, daß er eine Vollmacht erhält, in der irdisches und himmlisches Leben verknüpft sind. Was ist mit dieser Schlüsselgewalt gemeint? Die Reformatoren haben den Satz konstant auf die Sündenvergebung bezogen. So heißt es in den Schmalkaldischen Artikeln: »Die Schlüssel sind ein Ampt und Gewalt, der Kirchen von Christo gegeben, zu binden und zu losen die Sunde, nicht allein die groben und wohlbekannten Sunde, sondern auch die subtilen, heimlichen, die Gott allein erkennet.«[1] Und die Apologie der Augsburgischen Konfession weist die Annahme, damit sei der Kirche die Möglichkeit eingeräumt, eigene Ordnungen ökonomischer, jurisdiktioneller oder liturgischer Art zu schaffen, ausdrücklich zurück: »So ist die Gewalt der Schlüssel nicht ein solch Gewalt, sonderliche eigene Strafe oder Gottesdienst aufzurichten, sondern allein Sunde zu vergeben denjenigen, so sich bekehren, und zu verbannen diejenigen, die sich nicht bekehren.«[2]

Die Schlüssel, die dem Petrus und seiner Gemeinde anvertraut sind, betreffen für die Reformatoren den Eingang in die himmlische Welt. Petrus ist dann eine Art Türhüter, der den Einlaß in das Gottesreich regelt. Freilich nicht im Sinne der Volksphantasie, die ihn als Portier am Himmelstor dargestellt hat, sondern als irdischer Repräsentant einer himmlischen Macht, der hier auf Erden die erforderlichen

Zulassungsprozeduren vollzieht. Gottes Heiligkeit darf sich nur nähern, wer von aller Bosheit gereinigt ist. Und die Lösungsgewalt des Petrus besteht genau darin, durch den Akt der Sündenvergebung Menschen für das Reich und die Nähe Gottes zu präparieren. Das Amt der Schlüssel hat für die Reformation die Aufgabe, durch Zuspruch der Absolution Sündern den Zugang zu Gott zu ermöglichen.

Die gegenwärtige Exegese legt das Schlüsselamt anders aus. Nach jüdischem Sprachgebrauch meint »Binden« und »Lösen« »in erster Linie das Verbieten und Erlauben durch eine halakische Entscheidung der Rabbinen, also die Gesetzesauslegung«, manchmal auch eine richterliche Entscheidung.[3] Mit den »Schlüsseln« wäre dann bei Matthäus die Lehre, die Gesetzesauslegung Jesu gemeint, die in dieser Szene dem Petrus zur Weitergabe anvertraut wird. Die erschließende Kraft dieser Vollmacht besteht darin, daß sie den Menschen auf Erden eine Lebensgestaltung ermöglicht, die den endzeitlichen Übergang in die himmlische Welt erlaubt. Die Überlieferung der Worte Jesu begründet ein Leben, das im Willen Gottes seinen Grund und im Reich Gottes sein Ziel hat. Mit der Übertragung der Schlüsselgewalt wird Petrus der »Bürge und Garant der Lehre Jesu«.[4] Er tritt ein in die Linie einer Lehrtradition, die bis zum unverfälschten Gesetz des Mose zurückreicht, durch Jesus entdeckt worden ist und den schließlichen Eingang in die Heilswelt Gottes erlaubt.

Die Vollmacht, die Petrus mit dem Schlüsselamt zugesprochen erhält, ist hier weitaus umfangreicher gefaßt als in der Interpretation durch die Reformatoren. Es geht nicht einfach um die Vergebung geschehener Sünde, sondern um ein Leben, das der Macht der Sünde entzogen ist. Ziel kirchlicher Praxis wäre demnach nicht Therapie, sondern

Prävention. Und der Raum, den die Schlüsselgewalt eröffnet, ist nicht die ewige Existenz in einer überirdischen Himmelswelt, sondern das irdische Dasein, das gemäß dem Willen Gottes gestaltbar wird und sich auf dem Weg in die Herrschaft Gottes befindet. Das Amt der Schlüssel eröffnet ein gottgemäßes und deshalb menschenwürdiges Leben, das, im Problemhorizont der Gegenwart, schöpfungskonform gestaltet ist.

Ob man das, was dem Petrus und der Gemeinde anvertraut ist, als Gesetz, Unterweisung, Lehre, Anleitung oder Lebenshilfe bezeichnet, ist eine terminologische Frage, die im Einzelfall adressatenspezifisch zu entscheiden ist. Enthalten sollte der jeweilige Begriff unbedingt jene drei Strukturelemente, die den Aussagegehalt des Satzes im Text charakterisieren. Es geht um ein vollmächtiges Wort, das nicht einfach eine Forderung aufstellt, sondern Kraftströme austeilt. Dieses Wort artikuliert sich in einer grundlegenden Differenzierung, das dem angeredeten Menschen rechtes Handeln ermöglicht, in dem er sich vom unrechten Tun unterscheidet. Und dieses Wort hat insofern eine aufschlußreiche Wirkung, weil es den Willen Gottes in der Schöpfung proklamiert und damit den Weg zu seinem Reich freilegt. Das Amt der Schlüssel versieht also eine Erschließungsaufgabe in dreifacher Hinsicht. Es verbindet Himmel und Erde, es verleiht Kraft zum Handeln, und es ermöglicht jene Unterscheidungen, die für menschliches Handeln, das mehr als ein Funktionieren sein will, die unverzichtbare Basis bilden.

II.

Die Macht des Petrus besteht in der Schlüsselgewalt. Damit ist er nicht nur Türhüter für ein himmlisches Jenseits. Er kann und soll und wird, sofern er seinem Amt treu bleibt, den Zugang zu einem seligen, heiligen, gottgefälligen Leben eröffnen. Petrus, der Fischer, der Fels, hat die Vollmacht erhalten, die Kunst des Lebens zu lehren. Das ist ein gewaltiger Auftrag, den die Kirche in ihrer Geschichte auch immer wieder als Anspruch vertreten hat. Weil der Umgang mit Macht außerhalb und erst recht innerhalb der Religion immer gefährlich ist, ist die Kirche bei der Wahrnehmung dieses Auftrags in vielen Formen gescheitert. Zwei typische Fehlentwicklungen lassen sich quer durch die Jahrhunderte hin konstatieren. Die vollmächtige Anleitung zum Leben verwandelt sich entweder zu einem abstrakten Lehr- oder zu einem gesetzlichen Normensystem.

Durch das Gesetz im gesetzlichen Sinn wird die Lebendigkeit des Lebens in ein starres, konventionelles Verhaltenskorsett gezwängt. Die Regelung, die beabsichtigt wird, ist der Tendenz nach total. Alle Verhaltensabläufe, alle Verhaltensdetails sollen dann dem Anspruch nach vom »Glauben« geprägt sein – von der Körperhaltung[5] in den verschiedensten Situationen über die Tagesgestaltung bis hin zu den Arbeitsverfahren. In dieser Totalität wird das glaubensgemäße Leben als etwas Exklusives betrachtet, als etwas, das sich in seinen Abläufen, Motiven und Zielen von anderen Gruppenstandards auf jeden Fall unterscheiden muß. Aus dieser Totalität und Exklusivität des Anspruchs ergibt sich mit innerer Konsequenz die Notwendigkeit einer Kasuistik, die Verhaltenskonflikte, wie sie sich immer neu stellen, zu regulieren und Übertretungen, die beinahe unvermeidlich sind, zu ahnden hat.

Religiöse Überlieferung kann, in mehr oder weniger entwickelten Formen, zu einem Panzer des Lebens werden. Statt Lebenskraft zu erschließen, werden Lebensströme blockiert oder, wie im Verhältnis zur Triebhaftigkeit, so kanalisiert, daß es zu pathologischen Nebenwirkungen in Form von »Gottesvergiftung« kommt.[6] Wenn der Kontakt mit der Lebensquelle des Heiligen verlorengegangen ist, dann verlieren die Worte, die den Lebensvollzug regulieren sollen, ihre Kraft und verwandeln sich in ein Instrument der sozialen Kontrolle, das nur noch zwanghaft gelebt werden kann. Nicht schon der Anspruch auf Lebensgestaltung bildet die Grundlage einer gesetzlichen Verfälschung des Schlüsselamtes, sondern die Tatsache, daß dieser Anspruch ohne Zuspruch erfolgt. Das Heilige schafft Heiligung. Aber nicht auf dem Wege der Forderung oder des Willensappells. Die Normen der Lebensgestaltung, die man kirchlicherseits proklamiert, bleiben unfruchtbar, wenn sie gestellt werden, ohne daß gleichzeitig die Kraft zum Lebensvollzug ausgeteilt wird. Gesetzlich ist ein System von Verhaltensregulativen, das als lebenshemmend, ja als lebenszerstörend erfahren wird, weil es den Bezug zum ewigen Lebensgrund selber verloren hat.

Die Reformation hat das kirchliche Normensystem kritisiert, weil die gesetzliche Verfälschung der biblischen Tradition ohne evangelisches Fundament lebensgefährliche Wirkungen zeigt. Das Evangelium selbst muß die Grundlage alles kirchlichen Lehrens und Handelns bleiben. Das Evangelium allein kann nämlich der Kirche jene Vollmacht verleihen, die sich dann in der Binde- und Lösungsgewalt des Schlüsselamtes manifestiert. Aber wie bewahrt man diesen kirchengründenden, lebensschenkenden Schatz? Die reformatorischen Kirchen haben diese Konservierungsaufgabe in einer Weise wahrgenommen, die mit der Ausbildung der altkirchlichen und der scholastischen Theologie präfiguriert war. Die Wahrheit des Evangeliums wird sichergestellt durch die Reinheit der Lehre. Was Menschen tun sollen, ist immer nur die Folge dessen, was sie glauben und denken sollen. Durch die Lehre wird das Einstellungszentrum im Menschen geformt, der dadurch die Chance erhält, seinem Glauben entsprechend im Verhaltensbereich zu leben.

Die Lehre als Hauptinstrument des Schlüsselamtes preßt die Lebendigkeit des Glaubens in ein strenges Weltanschauungssystem. Auch hier gilt das Prinzip der Totalität. Alles hat im Lehrsystem seinen Platz, der Anfang und das Ende der Zeit, der oberste Himmelsthron und der tiefste Höllenschlund, irdische, himmlische und dämonische Wesen. Alles wird auch aus exklusiv christlicher Perspektive betrachtet und muß demgemäß gegen den Vergleich mit anderen Religionen und gegen den Einspruch neuzeitlicher Wissenschaften verteidigt werden. Dort aber, wo man sich in der Theologie den Entwicklungen der allgemeinen Geistesgeschichte anschließt, kommt es zu einer weitreichenden Differenzierung der Arbeitsfelder und zu einer unaufhaltsamen Spezialisierung in den Forschungsmethoden. Auf beiden Wegen, durch die Abschottung gegen die Wissenschaft wie durch den Anschluß an deren Entwicklung, gerät die Lehre der Theologie in einen Strudel der Abstraktion, die die praktische Realisierung des Schlüsselamtes für den einzelnen Theologen und erst recht für die Christ/innen mehr erschwert als erleichtert. Sie kann unter Umständen dazu führen, daß die Vollmacht zum Reden durch dogmatische Engstirnigkeit, aber auch

durch pluralistische Profillosigkeit in der Kirche verloren-
geht.

Das Gesetz will das Leben durch heilige Normen gestalten, kann es aber faktisch, weil der Kontakt zum Heiligen
zerbrochen ist, nur noch vergewaltigen. Die Lehre will das
Evangelium vor der gesetzlichen Verfälschung bewahren,
gerät aber schnell in die Gefahr, von jeder Lebenspraxis zu
abstrahieren. Die großen Entdeckungen der Vergangenheit, in der Christologie, in der Trinitäts- und der Rechtfertigungslehre, werden dann weitergegeben, aber die
ebenso großen Aufgaben der Gegenwart, wie sie mit der
Friedensfrage und den Umweltproblemen gestellt sind,
werden verfehlt. Die Lehre wird zur falschen Wahrheit,
weil sie die aktuellen Lebenskonflikte nicht ernst nimmt.
Auch hier ist der grundlegende Kontakt verlorengegangen,
denn das Heilige, dessen lebenserschließende Kraft die
Bekenntnisentscheidungen der Geschichte freigelegt haben, ist für den biblischen Personalismus der lebendige
Gott, dessen Wahrheit in jeder Gegenwart neu zu erarbeiten ist. Die Vollmacht des Schlüsselamtes wächst nicht aus
einem Verhaltenskodex, der dem Leben überzustülpen ist.
Aber sie ist auch nicht in einer kirchlichen Konserve fixiert,
aus der man die lebenserschließenden Einsichten einfach
entnehmen kann. Vollmächtiges Reden entsteht immer in
einem Kontakt, der Vergangenheit und Gegenwart miteinander verknüpft, der Unterscheidung erlaubt und Handeln
ermöglicht, weil er Himmel und Erde verbindet und aus
der Kraft des Heiligen Kräfte der Heiligung zieht.

Ohne die permanente Anbindung an den Lebensgrund
bleibt die Vollmacht, die der Kirche verliehen ist, nicht
ohne Wirkung, aber sie wirkt gewalttätig in dieser und jener Form. Wenn der Kontakt zum Lebensgrund unterbrochen ist, müssen die Kräfte des Lebens so kanalisiert wer-

den, daß sie selber geschädigt werden und auf Menschen beschädigend wirken. Ängste werde geschürt und Illusionen geweckt. Abweichler müssen verketzert, Andersdenkende und Andersartige verteufelt werden. Die Schlüssel, die ihr anvertraut sind, hat die Gemeinde oft dazu mißbraucht, um Menschen hinter Schloß und Riegel zu bringen. Die Macht des Heiligen, Menschen anvertraut, gerät ohne den Kontakt zu ihrem Ursprung außer Kontrolle.

III.

Die Kirche der Gegenwart hat die Lektion der Geschichte gelernt. Übersteigerte Ansprüche wagt sie mit ihren Reden nicht mehr zu stellen. Eindeutige Worte, die die Himmelswelt öffnen, die den Glauben an ein bestimmtes Verhalten oder an eine dogmatische Position uneingeschränkt fixieren, sind kaum noch zu hören. Das Machtgehabe, das sie aus ihrer vermittelnden Rolle zwischen Gott und den Menschen so leicht abzuleiten wußte, hat sie, mindestens im Protestantismus, weitgehend aufgegeben.

Nach außen verzichtet kirchliche Öffentlichkeitsarbeit auf jeden Absolutheitsanspruch. Gesprächsbeiträge und Denkschriften wollen Impulse an die Gesellschaft vermitteln, um durch die Entfaltung von Sachargumenten verhärtete Fronten aufzulockern und Konflikte lösbar zu machen. In den Gottesdiensten wird auf der Kanzel nur noch selten im Namen Gottes geredet. Die Theolog/innen breiten ihre eigenen Einsichten und Entdeckungen aus, verhehlen ihre persönlichen Schwierigkeiten auch nicht und versuchen in der Regel, den Hörer/innen praktikable Hinweise für die Lebensgestaltung zu geben. Das Amt der Schlüssel wird in jeder Hinsicht unauffällig versehen. Es beteiligt sich am Dialog in der Gesellschaft und ist dankbar, wenn überhaupt noch jemand zuhört. Es spricht bestenfalls Empfehlungen und Ratschläge aus. Auch wo man, wie in sexualethischen Fragen, Kritik anmeldet, verdammt man nicht mehr. Und auch wenn man – selten genug – konkrete Direktiven erteilt, werden diese nicht unbedingt mit dem Willen Gottes begründet. Im Zeitalter der Dauerreflexion (H. Schelsky) hat sich die Vollmacht der Kirche verflüchtigt. Ihr Auftreten ist bescheidener, ihre Beiträge sind sachhaltiger geworden. Sie droht nicht mit dem Gericht, sondern wirbt mit Argumenten.

Aber nicht nur die Dauerreflexion prägt die Sprache. Wir leben auch im Zeitalter der Lebensgefahr. Und das bedeutet: Unter und hinter dem öffentlichen Diskurs, der vernünftig geführt werden will, tobt der Lebenskampf, mit unabsehbaren, vielleicht unaufhaltsamen Folgen für den Bestand des Lebens auf diesem Planeten. Dieser Kampf, von unserer Gattung besonders militant organisiert, hat seine eigene abgründige Logik, nicht zuletzt sichtbar an seinem paradoxen Ergebnis: Was der aktuellen Lebenserhaltung dient, wird auf die Dauer zur Lebenszerstörung führen. In diesem Kampf werden Kräfte wirksam, die man begrifflich erfassen, aber kaum vernünftig beeinflussen kann: die Gesetze der Ökonomie, die Triebe der Individuen, die Knappheit der Ressourcen, der Wahn, der Illusionen bewirkt, die Turbulenzen, die von Ängsten ausgelöst werden, die Sensibilität ökologischer Interdependenzen, der Wille zum Überleben, der dunkle Drang in das Nichts.

Eine Kirche, die das ihr anvertraute Schlüsselamt ernst

nimmt, darf sich in einer solchen Zeit nicht mit plausiblen Diskussionsbeiträgen begnügen. Wenn die Schöpfung Gottes vernichtet wird, muß im Namen Gottes Umkehr gepredigt werden. Wenn der Bestand der Arten gefährdet ist, ist die Bekenntnisfrage gestellt. Das Binden und Lösen, das den Weg in die jenseitige Gotteswelt freimacht, muß sich in einem verbindlichen Reden artikulieren, das aus verderblichen Lebenszusammenhängen herausruft und zu einer gottgemäßen Lebenspraxis befreit. Die Vollmacht der Kirche, die aus dem Kontakt mit dem Heiligen wächst, wird sich in der Fähigkeit zu jenen Unterscheidungen fruchtbar erweisen, die für den Glauben konstitutiv und für das Leben elementar sind.

Die Vollmacht, die aus der Verbindung zwischen Himmel und Erde herausbricht, erweist sich in der Fähigkeit zur Unterscheidung zwischen Gott und Mensch, zwischen Schöpfer und Geschöpf. Diese Fähigkeit ist für die Lebensgestaltung so wichtig, weil sie die Grundlage für den Gottesdienst bildet. Wer die doxologische Differenz, die den Unterschied zwischen Schöpfer und Schöpfung anerkennt, wahrzunehmen vermag, kann sich den Ansprüchen, Verlockungen und Drohungen widergöttlicher Mächte entziehen. Er wird den Schöpfer ehren und die Schöpfung achten. Aber er wird, solange er die doxologische Differenz praktisch ernst nimmt, auf keinen Fall einen Teil der Schöpfung mit seinem totalen Vertrauen besetzen. Kein Vaterland und keine Karriere, kein Wirtschaftssystem und keine Liebesbeziehung werden so mächtig sein, daß sie in irgendeiner Weise Opfer beanspruchen können. Die Bindung in der Gottesrelation wird zur Lockerung aller irdischen Beziehungen führen, ja sie wird manchmal sogar die schmerzhafte Lösung aus gottwidrigen Verhältnissen kosten. Vollmächtiges Reden im Rahmen des Schlüsselamtes wird deshalb Einzelne, Gruppen, ja die gesamte Menschheit mit der Einladung zum Glauben auch immer zur Umkehr rufen.

Dabei wird eine zweite Unterscheidung, die aus der Verbindung zwischen Himmel und Erde konsequent folgt, ebenfalls wirksam werden, die Unterscheidung zwischen Gesetz und Evangelium. Für die Reformation besteht darin die wesentliche Kunst der Theologie, weil sich daraus die Kraft zum Leben ergibt. Das Gesetz schließt die Todeswirklichkeit auf, in der sich der Mensch schon immer befindet und die er doch mit allen Kräften zu verdrängen oder zu beseitigen sucht. Das Gesetz kann verständlich machen, warum ein Lebenswille, der das Sterben nicht zu akzeptieren vermag, zur Lebensvernichtung führt. Die Natur, die vom Menschen maßlos beschädigt wird, schlägt, nach dem Gesetz der Vergeltung, unbarmherzig zurück. Nur vom Evangelium her, das dem verdammten, todgeweihten Sünder durch alles Sterben hindurch ewiges Leben verspricht, kann jene Lebenshaltung begründet werden, die im Bewußtsein der Todesdrohung die Grenzen des Daseins zu respektieren und maßvoll zu gestalten vermag. Wer das Wort Gottes in Gesetz und Evangelium zu hören bekommt, der kann seine Sterblichkeit akzeptieren und sich seiner Lebendigkeit freuen. Die Fixierung auf das Todesgeschick wird gelockert, die Verführbarkeit durch Mächte, die die Überwindung des Sterbens versprechen, wird reduziert, die Faszination des Nichtigen, die zur Inszenierung des Untergangs treibt, wird aufgebrochen, wenn das Sterben angekündigt und das Leben verheißen wird. Aus dem Kontakt mit der Himmelswelt kann die Kraft zum begrenzten irdischen Leben wachsen.

Dieser Kontakt lehrt die Unterscheidungen zwischen Schöpfer und Schöpfung, zwischen Gesetz und Evangelium vollziehen, und auf dieser Grundlage ergibt sich dann auch die dritte Differenzierung, die zur Vollmacht des Glaubens gehört. Aus der Verbindung zwischen Himmel und Erde resultiert die Unterscheidung zwischen gut und böse. Daß diese Unterscheidung die Grundlage für menschliches Handeln bildet, liegt auf der Hand; denn nur ein Individuum, das auf dieser Basis aktiv wird, transzendiert die Funktionsmechanismen biologischer, ökonomischer oder politischer Art. Nur ein Mensch, der bestimmen kann, was gut und was böse ist, kann sein Handeln begründen und verantworten. Daß diese Unterscheidung angesichts der Komplexität der Lebensverhältnisse, angesichts der Pluralität wissenschaftlicher Einsichten und wirtschaftlicher Interessen, angesichts auch der Aufhebung überkommener moralischer Normen gegenwärtig kaum praktikabel erscheint, ist ein wesentliches Indiz für die innere Korruptheit dieser Epoche. Vom Menschen geschaffene Systeme wirtschaftlicher, wissenschaftlicher und technischer Art haben eine solche Verwirrung herbeigeführt, daß die Menschheit ihnen durch moralische Kalkulation kaum noch zu begegnen vermag. Wie wird der Zauberlehrling erlöst? Nur durch ein Wort, das aus der Macht des Heiligen kommt, das die »Ehrfurcht vor dem Leben«[7] vermittelt und das »Prinzip Verantwortung«[8] anwenden lehrt. Die Vollmacht des Schlüsselamtes animiert und befähigt zur Beteiligung an den meist verdeckt geführten Machtkämpfen der Gegenwart.

Nicht zuletzt die Abgrenzung gegen die destruktiven Tendenzen der Neuzeit hat weltweit in den Hochreligionen fundamentalistische Bewegungen hervorgebracht. Christliche, jüdische und muslimische Gruppen sind von ähnlichen Motiven und vergleichbaren Zielen bestimmt. »Zunächst bemühen sie sich darum, durch die Wiederbele-

bung eines religiösen Vokabulars und religiöser Kategorien
… das Chaos und die Anarchie zu benennen, durch die
sich die moderne Welt in den Augen ihrer Anhänger aus-
zeichnet. Sodann erarbeiten sie Pläne für die Umwandlung
der Gesellschaftsordnung entsprechend den Geboten und
Werten der Bibel, des Koran oder der vier Evangelien, da
allein diese heiligen Schriften die Errichtung einer Welt der
Gerechtigkeit und der Wahrheit gewährleisten können. –
Abgesehen davon, daß diese Bewegungen zeitlich parallel
entstanden sind, weisen sie zahlreiche gemeinsame Merk-
male auf: Sie alle lehnen den Grundsatz der Trennung von
Kirche und Staat ab, den man der Philosophie der Aufklärung zu verdanken habe. Sie sehen in der hochmütigen
Emanzipation der Vernunft vom Glauben die Hauptursa-
che aller Übel des 20. Jahrhunderts und den Beginn eines
Prozesses, der geradewegs in den nationalsozialistischen
und stalinistischen Totalitarismus geführt habe.«[9]

Hier wird weltweit eine religiöse Macht mobilisiert, die
ihrerseits sehr schnell in die Gefahr gerät, Probleme gewalttätig aus der Welt zu schaffen. Klerikalismus, Doktri-
narismus und Moralismus stellen sich ein, wenn man im
Namen des Heiligen in das Leben von Menschen und Ge-
meinschaften einzugreifen versucht. Nur wer die Kunst
der Unterscheidung zwischen Binden und Lösen, zwischen Gott und Mensch, zwischen Gesetz und Evangelium, zwischen gut und böse beherrscht, wird die Macht
Gottes so zur Sprache bringen, daß sie Leben nicht hemmt
oder tötet, sondern stärkt und gestaltet.

Jahrhundertelang hat Petrus, der Himmelspförtner, die
Menschen die ars moriendi, die Kunst des Sterbens, ge-
lehrt. Heute, im Zeitalter der Lebensgefahr, soll das
Schlüsselamt die Kunst des Lebens vermitteln. Wie haben
Menschen, die Gottes Geschöpfe sind, in Gottes Schöp-

fung zu leben? Wer auf konkrete Fragen in diesem Zusammenhang eindeutig antworten will, braucht sehr viel und sehr wenig. Er braucht Sachverstand, Unabhängigkeit, Mut und Entschlossenheit. Vor allem benötigt er, um Anfeindungen zu begegnen und Anfechtungen zu widerstehen, den Kontakt mit dem Lebensgrund, also geschwisterliche Beratung, asketische Haltung, offene Wahrnehmung der Botschaft, die jedem Leben anvertraut ist. Im Kern aber braucht Petrus nur eins, die Vollmacht des Bindens und Lösens – bei sich selbst, für andere.

DAS WASSER

Herr, bist du es,
so laß mich auf dem Wasser zu dir kommen.
Matthäus 14,28

Die entscheidende Frage für die Zukunft der Kirche
besteht allein darin, ob sie den Anschluß an die Macht
Gottes gewinnt.

I.

Wer dem Ruf des Heiligen erlegen ist, wird irgendwann auf die Probe gestellt. In diesem Bereich muß man mit dem Unerwarteten rechnen. Die Macht, die Menschen ergriffen hat, testet von Zeit zu Zeit das Vertrauen derer, die sie erfüllt.

Petrus, zum Menschenfischer berufen, zum Felsen ernannt, in der ersten Gemeinde eine der Säulen, Petrus muß eine Wasserprobe bestehen. Die Szenerie des Textes ist, wie die Exegeten durchweg betonen, von symbolischen Bezügen bestimmt. Jesus hat seine Jünger verlassen und sich auf den Berg, in die Sphäre der Gottesnähe, zurückgezogen. Während die Jünger auf seinen Befehl den See durchqueren, wird es Nacht. Ein Sturm zieht auf. Das Boot droht zu sinken.

Eine Szene voll Angst vor dem Untergang. »Wasser, Sturm und Nacht sind Symbole von Not, Angst und Tod, die der Gemeinde vor allem aus der Psalmensprache vertraut sind«, kommentiert U. Luz und verweist u. a. auf Psalm 18,16 f.; 19,5; 107,23–32 und natürlich auf die Jona-Geschichte.[1] Das Wasser zieht in die Tiefe. Der Sturm verwehrt jeden Halt. Die Nacht macht schutzlos, weil Feinde, wenn sie sich anschleichen, unerkennbar sind. Wasser, Wind und Finsternis sind Mächte in der Natur, in deren Wirkungsbereich Menschen von jeher ihre Ohnmacht erfahren mußten. Deshalb dienen diese Mächte auch in vielen Sprachen zur Symbolisierung von Chaosängsten und Untergangsphantasien. Man kann durch innere oder äußere Objekte überschwemmt und überflutet werden. Man kann den Boden unter den Füßen verlieren. Und wenn Finsternis die Erde bedeckt, beginnt die Götterdämmerung, ergreifen die Mächte des Bösen und des Todes die Herrschaft.

Wenn die Grenzen zwischen Leben und Tod verschwimmen, löst das Erscheinen des Heiligen erst recht Schrecken aus. Wieder ist das Auftreten Jesu mit zahlreichen Elementen des Epiphanie-Berichts geschildert. Er geht auf dem Wasser, ohne zu versinken. Er wirkt auf seine Anhänger wie ein Gespenst und versetzt sie in Verwirrung und Furcht. Er beruhigt sie aber auch und spricht ihnen Mut zu. In einer Situation schrecklicher Bedrohungen wirkt auch der Retter schreckenerregend. Gerade so ist er die einzige Hoffnung für die, die sich vollkommen realitätsgerecht vor dem Untergang fürchten. Gegen die Todesmächte, die sie umgeben, kann nur die überwältigende Macht des Heiligen helfen.

Anders als in der Markus-Parallele, in der sich mit dem Auftreten Jesu der Sturm beruhigt, aber auch das Unverständnis der Jünger wächst (Markus 6,51 f.), bringt das Matthäus-Evangelium eine weitere Szene. Petrus will an der Macht seines Meisters partizipieren: »Herr, bist du es, so laß mich auf dem Wasser zu dir kommen.« Für Petrus ist die Rettung der Bedrohten erst abgeschlossen, wenn auch sie über die Mächte des Untergangs triumphieren. Er weiß, und er muß es erfahren, daß er auf jeden Fall von der Unterstützung Jesu abhängig bleibt. Er braucht dessen Befehl, um das waghalsige Unternehmen des Wasserwandels beginnen zu können. Und er benötigt die haltende Hand Jesu, als er beim Gang über die Fluten voller Zweifel abzusinken droht. Aber: durch den Auftrag und mit der Hilfe Jesu gewinnt er Anteil an der bewahrenden Macht des Heiligen. Der Untergang droht. Aber er findet nicht statt. Im Gegenteil. Als Petrus das schützende Boot verläßt, können ihm die Verderbensmächte nichts antun.

Auf dem Wasser gehen zu können, ohne unterzugehen, ist ein uralter Traum unter den Menschen. Israel ist durch das Schilfmeer gezogen, ohne von den Fluten verschlungen zu werden (2. Mose 14; Jesaja 43,2 f.). Göttern und Heroen wird im Griechentum die Fähigkeit zum Wasserwandel zugeschrieben. Und in der buddhistischen Tradition wird erzählt, wie ein Laienbruder, von Gedanken an Buddha bewegt, einen Fluß zu überqueren beginnt. »Als er aber in die Mitte gelangt war, sah er die Wellen. Da wurden seine freudigen Gedanken an Buddha schwächer, und seine Füße begannen einzusinken. Doch er erweckte wieder stärkere Gedanken an Buddha und ging weiter auf der Oberfläche des Wassers.«[2] Gerade diese außerbiblische Parallele zeigt: Die Macht des Heiligen entzieht Menschen den Gesetzen der Schwerkraft. Wer sich mit seiner Seele wirklich auf den Buddha einstellt, dessen Körper kann im Wasser nicht untergehen. Die elementaren Träume der Menschheit, über Wasser zu wandeln und durch die Luft fliegen zu können, gehen wahrscheinlich auf pränatale Erfahrungen einer unendlichen Geborgenheit zurück.[3] Daneben und darüber hinaus verweisen sie aber auch auf die Möglichkeiten einer transzendenten Wirklichkeit, die alle Erfahrungen der Haltlosigkeit und Verlorenheit gnädig zu umfangen und aufzuheben versteht. Wen die Macht des Heiligen in Körper, Seele und Geist erfüllt, der wird auch im Wasser nicht untergehen.

II.

Die Angst vor dem Untergang hat Menschen immer wieder bewegt. Individualpsychologisch erklärt sie sich aus der Angst vor dem Tod, dessen unabweisbare Realität jedem/jeder mindestens durch das Sterben anderer vor Augen geführt wird. Im Blick auf kollektive Phobien hat G. M. Martin die religionspsychologische These vertreten, »daß Weltuntergangsvorstellungen in den Bereich archetypischer Themen und Motive gehören und aus dem Bereich des kollektiven Unbewußten stammen«.[4]

Im Zeitalter der Lebensgefahr sind die Horrorszenarien, die die Phantasie des kollektiven Unbewußten voller Angst und Sehnsucht häufig entworfen hat, zu realistischen Zukunftsmöglichkeiten geworden. Die Klimakatastrophe kann den Meeresspiegel der Ozeane erhöhen und zur Überflutung weiter Landstriche führen. Sturmböen ungeahnter Stärke und Häufigkeit können Baumschäden anrichten und verkarstete Gebirgsregionen zum Einsturz bringen. Die vergiftete und verpestete Luft kann, wie am deutlichsten in der Golfregion, ganze Landstriche verfinstern und in Smoglagen menschliche Mobilität reduzieren. Der Kampf um die Lebenserhaltung, den unsere Gattung weltweit führt, kann die Lebensvernichtung auf diesem Planeten zur Folge haben.

Die Kirchen gehören zu den wenigen Gruppen in der Gesellschaft, die sich dieser globalen Bedrohung einigermaßen realitätsgerecht stellen. Gegen alle Abwehrmechanismen der Verleugnung und der Beschwichtigung, wie sie von interessierten Wirtschaftsverbänden und hilflosen Politikern andauernd unternommen werden, melden sich Stimmen aus dem Raum der Kirche zu Wort, die im Verein mit anderen Kräften die bedrohliche Entwicklung beim Namen nennen und nach wirklichen Alternativen verlangen. Wer sich im Kampf für die Bewahrung der Schöpfung engagiert, hat sich der lähmenden Wirkung apokalyptischer Phantasien schon entzogen.

In anderer Hinsicht ist man aber gerade unter den Christen von grassierenden Untergangsängsten erfaßt. Was wird aus der Kirche? – Das ist die Frage, die in den letzten Jahrzehnten zunehmend mehr die Diskussionen und Aktivitäten im Protestantismus bestimmt. Man fühlt sich überrollt von einer Modernität, die die religiöse Praxis immer stärker an den Rand der Gesellschaft gedrängt hat. Die Zahl der Gottesdienstbesucher/innen nimmt laut Statistik in vielen Gegenden ab. Jugendliche verzichten auf Teilnahme am schulischen Religionsunterricht und signalisieren auf diese Weise das Desinteresse der kommenden Generationen. Immer neue Austrittswellen führen dazu, daß sich die Schar der Kirchenmitglieder deutlich verkleinert. Ein Gefühl der Ohnmacht hat sich in den Kirchen verbreitet. Und viele Aktionen lassen sich in ihrer innerkirchlichen Relevanz erst verstehen, wenn man die dahinter stehenden Untergangsängste einkalkuliert.

Was wird aus der Kirche? Die eigene Unsicherheit steigert die Anpassungsbereitschaft. Was erwarten die anderen von uns? Wozu können, wozu wollen sie uns noch gebrauchen? Die Kirche, die sich in Frage gestellt sieht, wird selber zur fragenden Institution. Für die Anfänge dieser Entwicklung in den 60er Jahren hat W. Marhold 110 empirische Erhebungen untersucht und dabei zwei Motivationsfaktoren ermittelt: Ausgangspunkt waren teils »die Funktionsträger selbst, denen ein Unstimmigkeitsbewußtsein zwischen Sein und Sollen in der Kirche zugeschrieben wurde«, teils »die Theologie, die mit dem Wort

Wirklichkeitsdefizit bzw. Kommunikationsdefizit näher charakterisiert wurde«.[5] Die mangelnde Effizienz kirchlicher Praxis wurde hier in der fehlenden Konvergenz mit den Wirklichkeits- und Kommunikationsstrukturen der Modernität gesehen. Nur eine Kirche, die dieses Defizit zu beheben vermag, wird nach Marholds Meinung ihrem Auftrag im Rahmen einer Theorie volkskirchlichen Handelns gerecht. »Kirchliches Handeln entspricht der Forderung nach dialektischer Funktionalität, wenn es dazu bereit ist, die eigene Plausibilitätsstruktur durch die dialektische Aufarbeitung der Wirklichkeit in Gegenwart und Zukunft einer möglichen Umformulierung auszusetzen, und bestrebt ist, jeweils schon Erreichtes zu transzendieren.«[6]

Daß sich das Problembewußtsein in der Folgezeit weiter verschärft hat, signalisiert schon die Überschrift einer Meinungsbefragung, die 1974 von der EKD durchgeführt worden ist: »Wie stabil ist die Kirche?« Die ersten Sätze kennzeichnen die Dramatik der Situation. »Das Jahr 1969 markiert, kirchenstatistisch gesehen, einen bedeutsamen Einschnitt. Die Kurve der Kirchenaustritte schnellt in die Höhe, die des Gottesdienst- und Abendmahlsbesuchs in die Tiefe.«[7] In Abgrenzung gegen eine radikale Säkularisierungsthese hat man nach Meinung der Autoren »statt mit dem allmählichen Verschwinden von Religion und Kirche mit einem Fortbestand der Religion im allgemeinen, des Christentums im besonderen zu rechnen, jedoch ihren Funktionswandel in der Gesellschaft zu beachten und einen entsprechenden Formenwandel in Betracht zu ziehen«.[8] Das Ergebnis dieser Erhebung ist doppeldeutig: »Was die Beziehungen der Mitglieder zum System und des Systems zu den Mitgliedern anlangt, ist die Stabilität nach wie vor erstaunlich groß. Andererseits: Die Frage nach dem ›Nutzen der Mitgliedschaft‹ ist auf der ganzen Breite gestellt. Die Feststellung, die Kirche sei stabil, heißt also konkret: Sie hat, soweit die Erhebung Auskunft gibt, vorerst die Zeit und, was die Unterstützung der Mitglieder anlangt, auch den Kredit und die Kraft zu gezielten Reformen.«[9] Diese Doppelbotschaft hat seitdem das kirchliche Verhalten in vieler Hinsicht bestimmt. Wir werden nicht untergehen, wenn wir nur richtig strampeln. Auf dem Markt der weltanschaulichen Möglichkeiten in der pluralistischen Gesellschaft haben auch wir eine Chance, wenn wir nur die richtigen Angebote zu machen verstehen.

Was sich seitdem als kirchliches Reformvorhaben präsentiert, hat meistens auch den Charakter eines Rettungsversuchs. Die fragende Kirche läßt sich durch die Befragten das Gesetz des Handelns diktieren, in der abergläubischen Hoffnung zumal, es ließe sich durch eine Veränderung kirchlicher Positionen und Praxisformen die distanzierte Haltung zur Kirche verändern. Was die Befragten zur Entschuldigung ihrer praktizierten Kirchenferne anführen, dient immer wieder zur Grundlage von Reformkonzeptionen. Nicht nur in politischen Konflikten, nicht nur auf der Ebene der Kirchenleitung wird man mit der Austrittsdrohung erpreßbar.

Um den Mitgliederschwund aufzuhalten, ist kirchliche Praxis marktkonform geworden. Das neue Waschmittel – die neue Gottesdienstform! Wenn die Schüler/innen im Religionsunterricht für Religion und Bibel kein Interesse bekunden, tritt an die Stelle der Unterweisung der lebenskundliche Unterricht. Die Predigt, als monologische Kanzelrede sowieso heillos veraltet, wird zur Informationsquelle für politische und wissenschaftliche Aufklärung. Weil am Krankenbett Gebet und Segen nicht mehr gefragt sind, muß sich Seelsorge in Richtung von Psychotherapie weiterentwickeln. Wenn die Zeitgenossen in ihrer Mehrzahl sich teils praktisch, teils theoretisch für atheistisch erklären, taucht auch in der Kirche sofort das Programm einer Gott-ist-tot-Theologie auf.

Anpassungsbereitschaft, Reformeifer, Tarnung und Selbstpreisgabe als Strategien einer kirchlichen Überlebenskunst, die sich das Gesetz des Handelns vom Markt vorschreiben läßt. Jede neue Austrittswelle hat seitdem die Kirche mit Angst überflutet und zu Machbarkeitswahn wie Kurpfuscherei animiert. Gegen das drohende Abbröckeln der Mitgliederzahlen müssen Dämme errichtet werden. Die sich aus dem gemeindlichen Lebensbereich haben abtreiben lassen, müssen durch Besuchsdienste und Telefonaktionen wieder angesprochen werden. Gegen das negative Image, das der kirchlichen Institution, aber zunehmend auch den pastoralen Repräsentanten in der Öffentlichkeit anhaftet[10], muß werbewirksam angearbeitet werden.

III.

Was wird aus der Kirche? Im Rückblick erweist sich die bissige Kritik, die G. Harbsmeier an der Stabilitäts-Untersuchung geübt hat, als überraschend aktuell. »Verlorenes oder stagnierendes Vertrauen mit deutlich abnehmender Tendenz im Volk läßt sich durch eine so rührige und fleißige, engagierte kirchliche Arbeiterschaft, wie es sie bei uns gibt, durchaus stabilisieren und hochtreiben. Es fragt sich nur, wodurch. Keine Frage: in der Kirche weiß man heute, wie man das macht. Alles läßt sich heute machen. Auch kirchlicher Auftrieb. Das kann man lehren und lernen. Da geschieht auch schon allerhand. Es gibt blühendes Gemeindeleben landauf, landab. Es fragt sich nur, ob das, was sich da ›machen‹ läßt, die Qualität des labilen Gleichgewichts des Glaubens hat, oder ob es nur der kirchliche Kundendienst der Werbung mit evangeliumsfremden Lockvögeln ist. Das wäre nur flüchtiges Haschen nach Stabilität.«[11] Aber nicht die so oder so hergestellte Stabilität, sondern die Labilität ist für Harbsmeier »ein bildhafter Ausdruck für das *Wesen* der Gemeinde Christi in dieser Welt«.[12] Deshalb gilt auch: »Die Kirche ruht... weder auf dem vorhandenen oder prophezeiten Zulauf, den sie hat, noch auf dem guten Bekenntnis einer großartigen Kirchengeneration, die aber nun nicht mehr am Leben ist. Sie verliert unweigerlich ihr labiles Gleichgewicht, wenn sie sich ängstlich oder zuversichtlich an der Konjunktur, an ihrer Organisation, ihren Leistungen, ihren Gesetzen, ihrer Bürokratie und an ihren Ämtern und Lebensäußerungen aller Art festklammert. Sie verliert ihr labiles Gleichgewicht, wenn sie hinkt oder ihre Trugvorstellungen von Volkskirche nicht fallen läßt. Landeskirchentum ist *nicht* Volkskirche, sondern obrigkeitlich verordnete Kirche von oben. Landeskirchentum ist heute Stabilitätskirche auf einem seit 1919 entfallenen landesherrlichen Unterbau.«[13] Was ist der Grund für die wesensgemäße Labilität der Kirche?

»Es ist ein Gespenst!« schreien die Jünger voller Erschrecken angesichts der Epiphanie dessen, der trotz Wind und Wellen souverän über das Wasser geht (Matthäus 14,26). Der mirakulösen Macht des göttlichen Heros entspricht ihre eigene Ohnmacht. Auf dem schwankenden Untergrund des Bootes ist ihr Leben bedroht, angewiesen auf seinen rettenden Beistand. Hilfe gibt es für sie weder von der Küste, die, wie der Text in Vers 24 betont, weit entfernt liegt. Hilfe gibt es auch nicht durch die methodischen Künste der neuesten Navigation, dafür sind die feindlichen Gewalten zu groß. Eine Stabilisierung ihrer Position kommt in dieser Lage nicht mehr in Frage. Die Labilität wird erträglich allein durch seine Präsenz. »Seid getrost, ich bin's; fürchtet euch nicht!« (14,27).

Es ist ein Gespenst! Wenn die gegenwärtige Kirche in ihrer begründeten Untergangsangst mit immer neuen Methoden sich immer neuen Adressatenkreisen anzupassen versucht, dann wird man ehrenwerte Absichten und guten Willen auf jeden Fall unterstellen müssen. Aber dann wird man auf der anderen Seite auch die Frage nicht unterdrükken können, was die so pausenlos aktiven Theolog/innen und Christ/innen noch von der Macht ihres göttlichen Erlösers erwarten. Ist Er denn für sie selbst nicht in einem anderen Sinn längst zum Gespenst geworden?

Jesus aus Nazareth – der gute Mensch in ferner Vergangenheit, die größte Projektionswand der Weltgeschichte, auf den jede/r die eigenen Idealbilder zurückspiegeln kann. Jesus, der germanische Recke und der existentialistische Entscheidungsprophet, der Kritiker von Gesetz, Kult und Religion, der Bußprediger gegen den Mammon, der große Sozialarbeiter, der sich um alle Randgruppen kümmert, der sanfte Mann, der auch seine weiblichen Anteile integriert hat. Man kann aus der neueren Diskussion um das Verständnis des Nazareners eine hermeneutische Maxime ableiten: Die Jesus-Bilder, die uns begegnen, sind immer die idealen Doppelgänger derer, die sie entwerfen.

Deshalb ist er auf eine neue Weise zu einem Gespenst geworden. In ferner Vergangenheit hat er unsere Ideale gelebt. Und nun müssen wir die Kirche auf jeden Fall und mit allen möglichen Mitteln am Leben erhalten, damit dieser Verein zur Pflege des Guten nicht untergeht. Ein gespenstisches Unternehmen, wenn eine religiöse Gemeinschaft andauernd Marktforschung treibt. Wollen das die Leute noch hören? Können sie das überhaupt noch verstehen? Gespenstisch deshalb, weil man nicht mehr der Macht des Heiligen traut, sich um seine Gegenwart müht und durch seine Kraft die Menschen ergreifen läßt. Gespenstisch deshalb, weil aller kirchlicher Aktionismus entweder auf Aberglauben oder auf Unglauben ruht. Der Aberglaube praktiziert nach der Methode: Wir haben es schon verstanden, wir haben Ihn schon in Besitz, und jetzt kommt es darauf an, Ihn in zeitgemäßer Weise den Menschen nahezubringen. Der Unglaube, der sich oft dahinter verbirgt, ist noch radikaler. Dann ist Er wirklich zu einem Gespenst geworden. Es hat Ihn gegeben, aber es gibt Ihn nicht mehr. Und wir müssen versuchen, aus dieser Situation der Verlassenheit das Beste zu machen.

Was wäre die Alternative? Petrus macht, an der Grenze zur Hybris, den Heiligkeitstest: »Herr, bist du es, so laß mich auf dem Wasser zu dir kommen.« Wenn das, was er wahrnimmt, mehr ist als ein dämonisches Wesen, mehr auch als ein Phänomen der Idealität, dann soll diese Gestalt ihre Macht demonstrieren, und dann will er an dieser Macht Anteil gewinnen. Der Ort des drohenden Untergangs wird zum Ort der Bewährung. Keine Reparaturen am Boot, keine Hilferufe an die Bewohner der Küste! Sondern die Bitte um einen Befehl. Und ein Wahnsinnsweg, der im Tod enden kann. Petrus auf der stürmischen See – ist er stabil, ist er labil? Auf jeden Fall geht er zu Ihm, angezogen von Seiner Macht, angewiesen auf Seine Hilfe.

Kann man das Wunder zur Methode machen? Oder wird eine kirchliche Praxis, die sich auf Mirakel verläßt, nicht der Gefahr einer Versuchung verfallen, die, wie bei Matthäus an anderer Stelle zu lesen, verantwortungslos, ja teuflisch ist (Matthäus 4,1ff.)? Was kann eine Kirche, deren Mitgliederzahlen schwinden und die ins gesellschaftliche Abseits zu sinken droht, von der Wasserangst und dem Wasserwandel des Petrus lernen?

Die Alternative heißt nicht: Entweder aktiv oder passiv sein. Sie heißt auch nicht: Entweder Gott vertrauen oder sich an Methoden halten. Und sie lautet erst recht nicht: Auf Stabilität verzichten und in die Labilität fliehen. Die entscheidende Frage für die Zukunft der Kirche besteht allein darin, ob sie den Anschluß an die Macht Gottes gewinnt. Wenn Gottes Wort wirklich zu hören ist, dann werden einzelne den Gottesdienst fluchtartig verlassen, aber andere werden hungrig und dankbar dieses Lebens-Mittel empfangen. Wenn Gottes Geist in der Mitte der Christen Platz hat, dann wird diese Gemeinschaft attraktiv sein, auch und gerade weil sie auf die neuesten Methoden der Werbung und der Gemeinschaftsbildung verzichtet. Wenn Gottes machtvolle Gegenwart die Herzen der Christ/innen erfüllt, dann werden sie auch in schwierigen Lagen jenseits von Stabilität und Labilität die notwendigen Schritte beginnen. Im Bereich des Heiligen ist die Kunst des Wasserwandelns die zentrale Methode. Petrus hat sie exerziert. Er hat nach Seiner Macht gerufen. Er hat sich Seiner Macht angenähert. Er ist auch in den Augenblicken der Lebensgefahr nicht untergegangen.

So ist die Machtfrage ein wichtiger Test für den Wirklichkeitsgehalt von Religion und für den Realitätsbezug des Glaubens. Mit Gespenstern kann man Kinder erschrecken. Mit Sprechblasen kann man sich in feierlichen Augenblicken berauschen. Mit welchen Einflußfaktoren man wirklich rechnet, zeigt sich in kritischen Situationen. Was hilft in der Not? Wer rettet aus dem Leiden? Wem kann ich vertrauen? Jeder Gedanke, jeder Handgriff vollzieht sich in einem Netzwerk von Sphären, die über mein Leben bestimmen. Und welche Faktoren in diesen Sphären am Werk sind, darüber bin ich durch Erziehung und Bildung, durch Familie, Schule und Kirche, durch Medien und eigene Erfahrung belehrt. Zufall und Notwendigkeit, Schicksal und Glück, genetisches Erbe, soziales Milieu, individueller Charakter prägen die Biographie. Was hat den größten Einfluß? Wer bietet verläßlichen Halt? Was ist Wahn, was Realität? Nur was wirklich ist, hat auch Macht. Und nur wer die Macht des Heiligen in seine Lebenspraxis einkalkuliert, hat die Wirklichkeit des Heiligen beachtet. Er ist kein Gespenst! Alle Rituale der Religion, alle Frömmigkeitsformen des Glaubens haben das eine Ziel, diese Realität in den Ablauf des Lebens zu integrieren. An Gott glaubt nur, wer Zeit für ihn hat. In der Gestaltung des Tages, im Ablauf des Jahres, bei der Feier der entscheidenden Lebenswenden. Und in jenen kritischen Augenblicken, in denen man den Boden unter den Füßen verliert. Dann bleibt nur die Methode der Ohnmächtigen, das Gebet, und die Methode der Mächtigen, die befehlen. Zwischen unseren Bitten und Seinem Befehl vollzieht sich in aller Labilität das Leben.

DAS SCHWERT

Stecke das Schwert an seinen Platz!
Matthäus 26,52

Der Gemeinde ist Macht anvertraut. Indem ihr der Griff nach dem Schwert verwehrt wird, ist sie nicht zur Ohnmacht verurteilt, sondern zur Entdeckung ihrer Vollmacht herausgefordert.

I.

In der Angst vor dem Untergang gibt es eine nahelie-
gende Lösung. Einer »von denen, die bei Jesus waren«
(Matthäus 26,51), verteidigt seinen Herrn mit Gewalt.
Sein Schwert verletzt ein Mitglied der »Tempelpolizei«[1],
die Jesus verhaften will, am Ohr. Diese Handlung, an der
ursprünglich kein Prominenter aus dem Jüngerkreis beteiligt war, galt in der Urchristenheit als so bedeutsam, daß
das Johannes-Evangelium Petrus als Täter nennt (Johannes
18,10). Offensichtlich geht es dabei um die Frage, wie sich
die Macht des Heiligen zu anderen Machtträgern und
Machtmitteln verhält. Die erste Reaktion, um einen Angriff abzuwehren, besteht im Griff nach dem Schwert. Sie
ist hier schon deswegen unsachgemäß, weil sie die Macht-
möglichkeiten Jesu verkennt. »Oder meinst du, ich könnte
meinen Vater nicht bitten, und er würde mir sogleich mehr
als zwölf Legionen Engel schicken?« (Matthäus 26,53). Die
Macht Gottes, die hier auf dem Plan ist, kann und darf man
nicht mit den Methoden irdischer Machtsicherung be-
schützen. Das Schwert gehört nicht in die Hände der Jünger.

Dennoch hat das Beispiel des Unbekannten bzw. des Petrus Schule gemacht. In ihrer Geschichte hat die Kirche die
militanten Möglichkeiten des Schwertes nicht verschmäht.
Immer wieder hat es Situationen gegeben, in denen die
kirchliche Hierarchie, aber auch die kirchliche Opposition
Gewalt eingesetzt hat. Das kann man aus der Distanz kritisieren. Darüber kann man sich im Rückblick aufregen.
Viel wichtiger ist es jedoch, den kirchlichen Griff nach
dem Schwert zu verstehen. Im Wirkungsfeld des Heiligen
gibt es offensichtlich eine Tendenz, die Macht Gottes mit

irdischer Macht zu verwechseln. Welche Dynamik dabei zur Geltung kommt, kann man an Beispielen aus der Geschichte von Mission und Reich-Gottes-Hoffnung studieren.

Cogite intrare – zwingt sie zum Eintritt! Augustins berühmte Parole hat die abendländische Missionsgeschichte in eine fragwürdige Startposition gerückt. Zwar wird man zwischen zwei Teilzielen missionarischer Arbeit, zwischen Entpaganisierung und Christianisierung, durchaus unterscheiden müssen. Hans Dietrich Kahl hat Augustins Position so wiedergegeben: »Die Bekehrung selbst, der eigentliche Übergang, soll nach ihm unter allen Umständen freiwillig erfolgen, soll schon vor der äußeren Taufe innerlich besiegelt sein; in der negativen Arbeit aber sieht Augustinus Gewaltanwendung nicht nur als erlaubt, sondern geradezu als geboten an, wenn auch – wie alle Gewaltanwendung – nur für die öffentliche, nicht für die private Hand; die Skala reicht bei ihm von der Zerstörung heidnischer Kultstätten bis zur Todesstrafe an hartnäckigen Erneuerern heidnischer ›Greuel‹.«[2] Die Möglichkeit positiver Gewaltanwendung im Dienst des Glaubens war damit mindestens eröffnet. Gregor der Große hat sie für die mittelalterliche Kirche in verschiedene Richtungen ausgeweitet: »Direkter Glaubenszwang, notfalls auch mit kriegerischen Mitteln, nur zur Durchsetzung innerkirchlicher Disziplin, wobei vielleicht erstmals neben Häretikern auch Apostaten nachdrücklich einbezogen erscheinen, Ablehnung insbesondere der Zwangstaufe und Forderung mindestens einer letzten Freiwilligkeit für die persönliche Entscheidung zum Übertritt, aber doch Entwicklung eines Systems der ›Nachhilfe‹ mit irdischen Mitteln, die eine gar zu zögernd aufgenommene geistliche Predigt unterstützen sollen; ›eine indirekte Nötigung‹ des einzelnen, bis er schließlich den ›freiwilligen‹ Entschluß faßt, und ›indirekter Missionskrieg‹ gegen geschlossene politische Verbände, um in deren Bereich christliche Obrigkeiten zu schaffen, die der friedlichen Verkündigungsarbeit der Kirche Wirkungsmöglichkeiten garantieren.«[3] Wie grausam und brutal man kirchlicherseits mit dem Schwert gewütet hat, zeigt beispielsweise die Geschichte der sogenannten Judenmission, zeigt aber auch die Kolonisierung Amerikas.

»Stecke das Schwert an seinen Platz!« Nicht nur die Päpste, die sich als Nachfolger Petri verstehen, haben die Mahnung Jesu vergessen. Auch antiklerikale und antipapale Oppositionsbewegungen haben immer wieder zu Gewalttätigkeit tendiert, um ihrem Ziel, das Reich Gottes zu realisieren, ein Stück näher zu kommen.[4] Die biblische Begründung für solche Gewaltanwendung lieferte die Apokalypse, nach der der Erlöser in der Endzeit mit einem scharfen Schwert kommen wird, um die Völker zu schlagen (Offenbarung 19,15 und 21). Messianische Führergestalten, prophetische Kreuzzugsprediger, soziale Revolutionäre, Pastorellen, Taboriten, die sogenannten Schwärmer in Münster haben sich auf diese Stelle berufen, um die Ausrottung unwürdiger Priester, besitzgieriger Adliger, gottloser Juden zu legitimieren. Das Schwert war in all diesen Fällen kein Selbstzweck. Es wurde nicht einfach zur Umverteilung von Macht und Besitz benutzt. Es sollte dem Reich Gottes den Weg bereiten. Das Schwert war gewissermaßen getauft. Wo es nicht, wie in der Amtskirche, zur Wassertaufe animieren sollte, konnte es in einer Art Bluttaufe der Herrschaft Gottes den Weg bereiten. Und die bürgerlichen, die proletarischen und die faschistischen Revolutionen haben mindestens das Legitimationsmuster gemeinsam gehabt, daß die Anwendung von Terror im Übergang zum Reich der Freiheit notwendig sei.

Daß man auch in der Kirche immer wieder mit Mitteln des Zwangs gearbeitet hat, ist leicht zu kritisieren, aber schwer zu verstehen. Offensichtlich ist auch hier jene Adhäsionskraft am Werk, die Macht unter Menschen und Macht im Wirkungsbereich des Heiligen sehr schnell miteinander verkoppelt. Politische Potentaten schmücken sich gern mit der Aura religiöser Legitimation – das ist bekannt. Aber auch die Umkehrung gilt: Wer im Namen der Allmacht Gottes auftritt, greift, zur Verteidigung und zur Verbreitung des Glaubens, sehr schnell zu den Machtmitteln des Schwerts. Gerade hier, im Wirkungsbereich des Heiligen, dem sich alles Leben verdankt, scheint die dosierte Anwendung eines Instruments, das das Leben zu gefährden, ja zu zerstören vermag, begründet und abgesichert zu sein. Gerade wenn es um das Heil der Einzelseele und die Rettung der Welt durch die Errichtung des Zwischenreichs geht, dürfen körperliche Torturen nicht zählen. Im Dienst des Heiligen ist auch der Einsatz des Schwertes geheiligt. Jesus zerschlägt alle diese Argumentationsketten mit einem einzigen Satz: »Stecke das Schwert an seinen Platz!« Bei der Verteidigung Gottes, bei der Ausbreitung des Glaubens, bei der Arbeit am Reich hat dieses Machtinstrument nichts zu suchen.

Warum nicht? Warum gibt es andererseits Gewalt in Gottes Welt? Und ist die Gemeinde, die im Gefolge des Petrus die Allmacht Gottes bekennt, grundsätzlich zur Ohnmacht verurteilt?

II.

Alle Macht scheint vom Teufel, alle Macht ist verdammt. Der Griff nach dem Schwert ist für Petrus in der Geschichte der Kirche immer die eine extreme Möglichkeit gewesen, die ihm anvertraute Macht gesellschaftlich zu realisieren. Wenn er der Weisung Jesu gefolgt ist und auf die Anwendung von Zwangsmaßnahmen verzichtet hat, bot sich als andere Extremmöglichkeit die Verdammung allen Schwertgebrauchs an: »Wer zum Schwert greift, wird durch das Schwert umkommen« (Matthäus 26,52). Mit diesem Satz formuliert Jesus keinen moralischen Appell zugunsten eines mehr oder weniger prinzipiellen Pazifismus. Er proklamiert damit wahrscheinlich auch keine Geschichtsphilosophie in dem Sinn, daß im innerweltlichen Geschichtsverlauf aktive Gewaltanwendung durch passive Gewalterfahrung bestraft wird. Sehr viel näher liegt es, diesen Satz im Rahmen jener apokalyptischen Hoffnungen zu verstehen, nach denen alle Machthaber beim Anbruch der Herrschaft Gottes beseitigt und vernichtet werden.

Schon in der Jesaja-Apokalypse klingt diese Hoffnung an: »Siehe, der Herr wird ausgehen von seinem Ort, heimzusuchen die Bosheit der Bewohner der Erde. Dann wird die Erde offenbar machen das Blut, das auf ihr vergossen ist, und nicht weiter verbergen, die auf ihr getötet sind« (Jesaja 26,21). Den endzeitlichen Monstern wird in Offenbarung 6 das Schwert gegeben, damit die Gottlosen auf der Erde sich gegenseitig töten. In Offenbarung 19 schließlich ruft der Engel der Endzeit alle Vögel mit lauter Stimme herbei: »Kommt, versammelt euch zu dem großen Mahl Gottes und eßt das Fleisch der Könige und der Hauptleute und das Fleisch der Starken und der Pferde und derer, die darauf sitzen, und das Fleisch aller Freien und Knechte, der Kleinen und der Großen!« (19,17 ff.). Nicht die einzelnen Schwertträger werden hier also bestraft. Sondern das ganze Gewaltsystem unter Einschluß der kleinen Leute und Sklaven wird zunichte gemacht. Alle »wurden erschlagen mit dem Schwert, das aus dem Munde dessen ging, der auf dem Pferd saß. Und alle Vögel wurden satt von ihrem Fleisch« (19,21).

Daß sich Phantasien wie die vom endzeitlichen Abendmahl, in dem die Machthaber und ihr Anhang zum Vogelfraß werden, dem Ressentiment der Unterdrückten verdanken, wie M. Weber[5] behauptet, wird man nicht bestreiten können. Deutlich ist aber auch, wie eng verwandt Schwertgebrauch und Schwertverdammung in der Kirchengeschichte in psychologischer Hinsicht sind. Beide können die gewaltsame Anwendung irdischer Macht nur als widergöttlich einschätzen. Beide hoffen darauf, daß alle Gewalt von der Erde verschwindet. Die einen erwarten die Exekution von Gottes Gericht, die anderen befördern die Ankunft des Reiches, indem sie selber das Strafgericht übernehmen. Macht unter Menschen ist, zumal wenn sie sich mit Gewalt kombiniert, für die Sicht dieser Glaubenshaltung verderblich und muß überwunden werden, in Hoffnungen und Aktionen freilich, die selber höchst gewalterfüllt sind.

Die Reformation ist diesen Weg der radikalen Schwertverteufelung nicht gegangen. Sie hat zwar der Kirche die Anwendung instrumenteller Gewalt grundsätzlich untersagt. Um den Glauben zu schützen und das Reich Gottes auszubreiten, darf sich die Kirche in keiner Weise des Schwertes bedienen; erst recht darf sich kein Vertreter der Kirche an den weltlichen Händeln der Herrscher beteili-

111

gen. So beklagt CA XXVIII, es hätten »etliche unschicklich den Gewalt der Bischofen und das weltlich Schwert untereinander gemenget, und sein aus diesem unordentlichen Gemenge sehr große Kriege, Aufruhr und Emporung erfolgt«.[6] Die Macht, die der Kirche anvertraut ist, besteht im Amt der Schlüssel, nicht im Gebrauch des Schwertes. Das bedeutet aber für die Reformatoren auf keinen Fall, daß das Schwert an sich und als solches böse ist. Es gehört nicht in die Kirche, ist aber deswegen nicht vom Teufel. Zwischen kirchlicher Macht und weltlicher Macht muß man prinzipiell unterscheiden. Was nach dem Wort Jesu den Jüngern versagt ist, ist den Repräsentanten des Staates erlaubt, ja geboten: die Anwendung von Gewalt. Um Gottes Handeln zu verstehen und um als Christ selbst angemessen handeln zu können, will Luther deshalb unterscheiden zwischen den beiden Reichen, den beiden Regimenten, den beiden Gewalten, zwischen Kirche und Staat.

Im weltlichen Regiment erfüllt das Schwert einen notwendigen und nützlichen Zweck. Man darf das Problem der Gewalt, wie Luther betont, nicht mit »ungeübten, einfältigen Kinderaugen« betrachten, die schockiert sind, wenn der Arzt ein Glied operiert, um den Menschen zu retten. Man muß das Amt des Schwertes »mit männlichen Augen« ansehen, um zu verstehen, »warum es so tötet und grausam ist. Dann wird es selber beweisen, daß es ein durch und durch göttliches Amt ist und für die Welt so nötig und nützlich wie Essen und Trinken oder sonst ein anderes Tun. Daß aber einige dieses Amt mißbrauchen, ohne Grund töten und schlagen, aus lauter Mutwillen, ist nicht die Schuld des Amtes, sondern der Person«.[7] Noch der Mißbrauch der Schwertmacht zeigt die Notwendigkeit seiner Anwendung. Macht in der Kombination mit Gewalt, wie die staatliche Obrigkeit sie verwaltet, ist »notwendig und nützlich... in der ganzen Welt, damit der Friede erhalten, die Sünde gestraft und den bösen Menschen gewehrt wird«.[8] Damit sind die Gründe und die Ziele bezeichnet, die für Luther den rechten Gebrauch staatlicher Gewalt charakterisieren. Diese Gewalt ist notwendig, weil die Menschen böse sind und ohne staatliche Ordnung der Kampf aller gegen alle droht. Sie hat die Aufgabe, in einer vom Chaos gefährdeten Welt einen vorläufigen, begrenzten, äußeren Frieden zu sichern. »Diesem allgemeinen Unfrieden auf der ganzen Welt, der keinen Menschen verschont, muß der kleine Unfriede, der Krieg oder Schwert heißt, wehren.«[9] Weil und solange sie das tut, ist für Luther »die Hand, die das Schwert führt und tötet, ... auch nicht mehr eines Menschen Hand, sondern Gottes Hand, und nicht der Mensch, sondern Gott henkt, rädert, enthauptet, tötet und führt den Krieg. Das alles sind seine Werke und sein Gericht«.[10]

»Stecke das Schwert an seinen Platz!« hat Jesus den Jüngern befohlen. Was hat er damit gemeint? In der Kirchengeschichte hat man dieses Wort höchst unterschiedlich verstanden. Die einen haben das Schwert für ein Werkzeug des Bösen gehalten, das im Reich Gottes überwunden sein wird und das man allenfalls verwenden kann, um das Tausendjährige Reich der messianischen Übergangszeit herbeizuführen. Andere haben das Schwert in den Dienst der Kirche gestellt, zur Vernichtung des Heidentums, zur Rettung des Abendlands gegen die Gefahr aus dem Osten. Die Reformatoren schließlich haben das staatliche Gewaltmonopol unterstützt und in seinem rechten Gebrauch durch Christen einen Gottesdienst postuliert. Immer, im Griff nach dem Schwert, in der Verwerfung und in der Segnung des Schwertes, hat sich eine Einstellung zur Macht ausgedrückt. Ist die Kirche, indem ihr der Einsatz von Schwertmacht verboten ist, zur Ohnmacht verurteilt?

III.

Nicht das Schwert, sondern die Schlüssel sind dem Petrus für sein Amt anvertraut. Weil man in der Gegenwart Macht und Gewalt viel zu schnell miteinander identifiziert, ist man meist auch der Meinung, mit dem Verbot der Gewaltanwendung sei der Kirche auch alle Macht untersagt. Christ/innen entwickeln auf dieser Grundlage ein mickriges Selbstbild. Im Vergleich mit anderen fühlen sie sich schwächlich und klein. In ihren Handlungsmöglichkeiten wähnen sie sich durch den Glauben beschränkt. Und allenfalls in den Träumen tauchen Gedanken auf, daß die Allmacht Gottes Menschen, die darauf vertrauen, auch Macht verleihen könne.[11] Hat Jesus, indem er den Griff nach dem Schwert unterbunden hat, seinen Anhängern weniger oder hat er ihnen mehr Macht versprochen?

Der militante Verteidiger Jesu hat einem aus der Polizeitruppe das Ohr abgehauen. Manche Exegeten haben darin einen symbolischen Akt gesehen: »Die Schmach, die dem Meister angetan ist, wird vergolten durch einen Hieb, der dem ›Knechte des Hohenpriesters‹ ein bleibendes Zeichen der Schande zufügt.«[12] Verwiesen wird dabei auf die assyrische und die babylonische Strafe des Ohrabschneidens, die den Delinquenten lebenslang stigmatisiert. Aber vielleicht liegt eine andere Interpretation dieses symbolischen Vorgangs noch näher. Offensichtlich besteht zwischen Schwert und Ohr in dieser Szene ein Verhältnis der

114

Unvereinbarkeit. Das Schwert als gewalttätiges Machtinstrument zerstört das Ohr als den Ort gewaltfreier Machteinwirkung. Der Griff nach dem Schwert wäre dann den Anhängern Jesu deshalb verboten, weil das Schwert die Hörfähigkeit der anderen vermindert und damit die Handlungsfähigkeit der Jünger beschränkt. Das Objekt ihrer Machtausübung ist das Ohr der anderen. Auf diesem Arbeitsfeld ist das Schwert ein untaugliches Instrument.

Die Jünger erhalten dadurch nicht weniger Macht. Das Gegenteil ist der Fall. Gegen Angriffe auf den Körper kann man sich schützen. Die Augen kann man verschließen. Im auditiven Kanal sind die Menschen aber eigentlich wehrlos. Deshalb laufen tiefe Verletzungen und intensive Heilungsprozesse über das Hören. Mittelalterliche Bilder, die die Empfängnis Marias darstellen, machen deutlich: Das Ohr ist das wesentliche Rezeptionsorgan gegenüber dem Heiligen. Durchs Ohr werden Menschen in der Tiefe getroffen. Durchs Ohr werden sie in ihrem Gewissen erreicht und in ihrem Herzen verändert. Wenn Macht unter Menschen darin besteht, in das Leben anderer positiv oder negativ einzugreifen, dann kann das Schwert, für alle sichtbar, ein äußeres Körperorgan lebenslang schädigen. Das Schlüsselamt aber, das sich sprachlich artikuliert, vermag mehr, als solche Spuren in der Leiblichkeit zu hinterlassen. Es kann einen Menschen im Kern seiner Existenz so attackieren, daß sich sein Leben an Körper, Seele und Geist regeneriert.

Non vi, sed verbo (nicht durch Gewalt, sondern durchs Wort) ist deshalb die Handlungsparole der Reformation gewesen. Die Macht Gottes will das Leben der Menschen verändern. Weil es um die Macht des Heiligen geht, ist sie auf die Instrumente irdischer Herrschaft nicht angewiesen. Die können immer nur ein begrenztes Ergebnis erreichen, eine vorläufige Ordnung, einen oberflächlichen Frieden, eine schrittweise Erneuerung. Die Macht Gottes verzichtet auf instrumentelle Gewalt, nicht weil sie vor dem Schwert kapituliert oder die Ohnmacht des Leidens verherrlicht. Die Macht Gottes operiert mit der Vollmacht des Wortes und den Waffen des Geistes. Diese Wirkungsmacht des Wortes ist für das Neue Testament allen anderen Mächten eindeutig überlegen. »Das Wort Gottes ist schärfer als jedes Schwert« (Hebräer 4,12). Aus dem Mund des Menschensohnes geht am Ende der Zeit »ein scharfes, zweischneidiges Schwert« (Offenbarung 1,16; 19,15). Christliche Existenz in der Welt kann deshalb beschrieben werden mit einem höchst militanten Vokabular: »So steht nun fest, umgürtet mit Wahrheit und gerüstet mit der Gerechtigkeit, und tragt als Schuhe die Bereitschaft, das Evangelium des Friedens zu verkündigen. Vor allem aber ergreift den Schild des Glaubens, mit dem ihr alle feurigen Pfeile des Bösen auslöschen könnt, und nehmt den Helm des Heils und das Schwert des Geistes, das ist das Wort Gottes« (Epheser 6,14–17).

Der Gemeinde ist Macht anvertraut. Indem ihr der Griff nach dem Schwert verwehrt wird, ist sie nicht zur Ohnmacht verurteilt, sondern zur Entdeckung ihrer Vollmacht herausgefordert. Was das für die kirchlichen Arbeitsfelder im einzelnen bedeuten könnte, darüber wird an späterer Stelle noch nachzudenken sein. Hier geht es zunächst um jenes vollmächtige Handeln der Kirche, zu dem sie gegenüber den staatlichen Repräsentanten immer wieder genötigt ist. Beispiele aus der Kirchengeschichte demonstrieren eindeutig, daß der Respekt vor dem Schwertamt die Kritik daran nicht ausgeschlossen hat. Eine »Volkskirche«, die mit den Volksvertretern in der Regel sehr harmoniebedürftig verkehrt, könnte aus der Geschichte lernen, wie spannungsreich und konfliktgeladen das Verhältnis zwischen staatlicher und kirchlicher Macht immer gewesen ist.

Die mittelalterliche Kirche ist gewiß in vielfacher Weise um die Durchsetzung und die Ausweitung eigener Interessen bemüht gewesen. Sie hat aber auch bei der Entwicklung des »Gottesfriedens« dafür gesorgt, daß die Zerstörungskraft militanter Auseinandersetzungen auf die Wehrfähigen beschränkt wurde. Ein zeitgenössischer Prediger hat das folgendermaßen begründet: »Es obliegt den Bischöfen, ... die Armen und den Klerus gegen die unruhestiftenden Kräfte zu schützen; es ist ihre Mission, sie zu verteidigen, wie der hl. Martin es einst tat, und den Frieden Christi einzurichten, das heißt den Widerschein der himmlischen Ordnung auf Erden.«[13] Diejenigen, die ihre eidlichen Verpflichtungen nicht einhielten, wurden mit der härtesten religiösen Sanktion, mit der Exkommunikation, bedroht.[14] Kirchliche Macht, bis hin zur Schlüsselgewalt im mittelalterlichen Verständnis, wurde hier durchaus im Interesse der Armen und Elenden eingesetzt.

Ähnliche Absichten hat die »Lehre von den himmelschreienden Sünden« verfolgt, deren aktuelle Bedeutung P. M. Zulehner jüngst unterstrichen hat. Der Theologe Petrus Canisius hat diese Lehre in dem Merkvers zusammengefaßt: »Clamitat ad coelum vox sanguinis et Sodomorum, / vox oppressorum, merces delenta laborum.«[15] Das Blut des Brudermordes, das verletzte Gastrecht, die Klage der Unterdrückten, der vorenthaltene Arbeitslohn, diese sozialen Unrechtstaten schreien zum Himmel, weil sie Sünden sind, die auf dem Mißbrauch von Macht beruhen, und weil ihre Beseitigung von der rächenden Allmacht Gottes erwartet wird. Auch mit dieser Lehre hat die Meinungsmacht der Kirche die Rechte der Armen und Unterdrückten gegenüber den politischen und ökonomischen Machthabern verteidigt.

Im Rahmen der Zwei-Reiche-Lehre hat Luther die

Eigenständigkeit staatlicher Obrigkeit gegenüber allen klerikalen Machtansprüchen ausdrücklich unterstrichen. Weil im Reich des Schwertes das Gesetz der Vergeltung wirkt, hat das Petrus-Amt, das die Vergebung zu predigen hat, sich in die staatlichen Belange nicht direkt einzumischen. Diese Position hat Luther freilich in keiner Weise daran gehindert, den Fürsten und Stadtoberen immer wieder nachdrücklich ins Gewissen zu reden. Gewiß hat die Obrigkeit hart zu bestrafen, aber sie hat auch die Tugend der Billigkeit zu entwickeln und voller Weisheit zu entscheiden, wen sie nach den Wirren des Bauernkriegs begnadigen sollte. Auf der anderen Seite räumt Luther wehrpflichtigen Untertanen durchaus die Möglichkeit, ja die Pflicht zur Kriegsdienstverweigerung ein. »Wenn einer mit keiner anderen Regung im Herzen und keiner anderen Absicht im Kriege dient, wenn er nichts anderes sucht und an nichts anderes denkt als daran, Besitz zu erwerben, (wenn also) das zeitliche Gut sein einziger Beweggrund ist, so daß er es nicht gern sieht, wenn Friede herrscht, und es ihm leid ist, daß kein Krieg ist, der tritt freilich aus der (rechten) Bahn und ist des Teufels.«[16] Für den Fall, daß der Landesherr aus selbstsüchtigen Motiven einen Krieg angezettelt hat, gilt eindeutig: »Wenn du sicher bist, daß er unrecht hat, so sollst du Gott mehr fürchten und gehorchen als den Menschen, Apg. 5,29, und sollst nicht mitkämpfen noch dienen, denn du kannst (dabei) ja kein gutes Gewissen vor Gott haben.«[17] Daß Luther darüber hinaus die Finanzpraktiken des aufkommenden Frühkapitalismus, wie sie sich in Zins- und Wuchergeschäften niedergeschlagen haben, uneingeschränkt kritisiert hat, zeigt zur Genüge, daß er mit seiner Lehre von den zwei Regimenten weder die Politik noch die Ökonomie in die moralische Neutralität der Eigengesetzlichkeit ihrer Funktionsmechanismen entlassen wollte.

Im lutherischen Protestantismus hat man also die Eigenständigkeit weltlicher Machtverwaltung zu respektieren. Aber man hat auch die Eigensüchtigkeit der Machthaber und die Eigengesetzlichkeit der Machtapparate zu kritisieren. Das Amt der Schlüssel darf deshalb vor den Trägern des Schwertes und den Verwaltern des Geldes nicht kapitulieren. In der Geschichte des Luthertums hat es bis in die Gegenwart hinein viele beschämende Beispiele für ein Unterwerfungsgehabe gegeben. Um so wichtiger ist es, sich jener Modelle einer Haltung gegenüber der Obrigkeit zu erinnern, die Loyalität und Kritik zu vereinbaren wußten. Ausgerechnet an den Äußerungen lutherischer Hofprediger im 16. und 17. Jahrhundert hat W. Sommer deutlich gemacht, wie man, vor allem in der Gattung der Strafpredigten, die Selbständigkeit des Kirchenregiments gegenüber den Regierungen zur Geltung zu bringen versuchte. Das Bewußtsein, damit in einer alten Konflikttradition zu stehen, hat Basilius Sattler in Wolfenbüttel bei einer Leichenpredigt 1617 so formuliert: »Aber da meinen etliche Leute / das gehöre auff die Cantzell gar nicht / das man da sagen wolte / wi ma Regieren sol.«[18] Besonders drastisch hat die Regierungskritik Joachim Lütkemann in der Regentenpredigt zur Sprache gebracht, die er am 14. 9. 1655 in Wolfenbüttel gehalten hat. Für ihn ist jeder Regent tendenziell »ein regiersüchtiges Thier«[19], das von Machtgier und Ruhmsucht getrieben wird, das der Kriegslust frönt, das Gottesfurcht heuchelt und mit immer neuen Abgabeerlassen die Armen aussaugt. Schonungslos, für heutige ans Moderate gewohnte Ohren fast übertrieben, wird hier die zwiespältige Einstellung einer Obrigkeit aufgedeckt, die zwischen Staatsräson und Gottesfurcht nicht zu entscheiden weiß und damit in die Gefahr gerät, das von Gott verliehene Schwert zu einem Werkzeug des Teufels zu machen.

»Stecke das Schwert an seinen Platz!« In der Friedensbewegung des letzten Jahrzehnts ist deutlich geworden,
daß die kirchliche Basis die aktuelle Bedeutung des Wortes
Jesu besser verstanden hat als die meisten Repräsentanten
des Amtes. Die religiöse Legitimation staatlicher Schwert-
anwendung im Krieg mag für die Vergangenheit möglich
gewesen sein. In der Gegenwart ist sie, wenn man die
modernen Formen des Schwertes, die Massenvernich-
tungsmittel, mit männlichen, mit erwachsenen Augen
betrachtet, unwiederholbar. Denn all jene personalen Unterscheidungen, auf die die herkömmliche Theorie des gerechten Krieges aufgebaut hat, sind durch die technischen
Entwicklungen heutiger Waffensysteme überholt. Der
moderne Krieg tötet nicht nur Kombattanten, sondern
trifft vor allem Zivilisten. Mit seinen entsetzlichen Folgen
verwischt er die Differenz zwischen Siegern und Besieg-
ten. Und wenn man sich alle langfristigen Schäden aus-
malt, wird ungewiß, ob man zu den Überlebenden oder
zu den Toten gehören möchte. Unter diesen Umständen
konnte es kirchlicherseits nur ein entschlossenes und ein-
deutiges Nein zur Entwicklung neuer Waffensysteme, zur
Planung aggressiver Militärstrategien und zur Propagie-
rung neuer Nachrüstungsrunden geben. Die westdeutsche
Amtskirche hat 1983 in Worms ein »wilhelminisches« Lu-
ther-Jubiläum (H. Gollwitzer) gefeiert und jene Bischöfe
aus der DDR, die sich damals zum Sprecher von Bedenken
und Einwänden machten, hinter den Kulissen heftig geta-
delt. Gerade in der Demokratie muß die Volkskirche sich
davor hüten, zur Komplizin der sogenannten Volksparteien zu werden, während ihre eigentliche Aufgabe doch
darin besteht, für den »Gottesfrieden« zu sorgen, für das
Lebensrecht und die Lebensqualität in und zwischen den
Völkern.

»Ich bin nicht gekommen, Frieden zu bringen, sondern das Schwert« (Matthäus 10,34). Zu den Wirkungen, die das machtvolle Wort Jesu auslöst, gehört unvermeidlich, daß es Trennungen schafft und Entscheidungen fordert. Die Macht, die den Jüngern damit anvertraut ist, erreicht durch das Ohr die Herzen und die Gewissen der Menschen, verändert auf diesem Wege aber auch die sozialen Beziehungen in Familie, Staat und Gesellschaft. Gerade weil ihnen alle Gewaltanwendung verwehrt ist, können und müssen die Jünger Jesu all die, denen politische und ökonomische Macht anvertraut ist, kritisch begleiten und deutlich zur Rede stellen. Sie werden das nicht in der Pose pharisäischer Überheblichkeit oder theokratisch fundierter Besserwisserei tun können. Sie werden auch nicht damit rechnen können, daß ihr Einreden immer Zustimmung findet und zum Erfolg führt. Aber wenn das Amt der Schlüssel die Kunst des Lebens zu lehren hat, dann wird sich die Vollmacht der Christen auch darin erweisen, daß sie jenen beizustehen vermögen, die mit den gefährlichen Mächten des Schwerts und des Geldes hantieren. Eine solche Bewährung der Petrus-Macht nach außen setzt freilich voraus, daß man in der Kirche selbst mit Macht umzugehen versteht.

DER THRON

Wahrlich, ich sage euch:
Ihr, die ihr mir nachgefolgt seid,
werdet bei der Wiedergeburt der Welt,
wenn der Menschensohn auf dem Thron
seiner Herrlichkeit sitzen wird,
auch auf zwölf Thronen sitzen
und die zwölf Stämme Israels richten.

Matthäus 19,28

Offensichtlich muß man alles aufgeben können, um der Macht Gottes zu dienen. Vollmacht in der Religion ist nicht billig zu haben. Sie kostet auf jeden Fall in vielerlei Form Verzicht. Der Dienst am Heiligen schließt die Heiligung ein.

I.

Petrus, der Fischer, hat Beruf und Familie verlassen, um in der Nachfolge Jesu Menschen zu fangen. Im Rahmen der Schlüsselgewalt, die ihm anvertraut ist, soll er sie die Kunst des Lebens lehren. Bei allen Kämpfen und Konflikten, in die er geraten wird, ist ihm der Griff nach dem Schwert untersagt. Was steht am Ende eines machterfüllten, aber auch mühsamen und entbehrungsreichen Lebensweges im Dienst des Heiligen?

Petrus stellt eine Frage, die gerade die Frommen bei sich selbst unterdrücken: »Was bekommen wir dafür?« Eine anstößige Frage, die nach Berechnung und Anspruchsdenken klingt. Aber der Fischer vom See Genezareth hat nichts zu verschenken. Er praktiziert Religion nicht als Freizeitbeschäftigung. Er ist kein Protestant, der Nachfolge um Gottes willen betreibt, und auch kein Idealist, der die materiellen Güter verachtet. Er hat alles gegeben und will dafür wenigstens etwas empfangen. Der Lohngedanke, der auf protestantische Ohren so kalkulatorisch wirkt, ist ein selbstverständlicher Teil seiner Lebensplanung.

Alle Beziehungen zwischen Menschen bestehen im Tauschverhältnis. Die einen geben, die anderen empfangen. Und die empfangen, werden bei der nächsten Gelegenheit wieder geben. Dieser Kreislauf des Gabentausches läuft ab zwischen Eltern und Kindern, zwischen Männern und Frauen, zwischen Nachbarn und Freunden. Er ist gesellschaftlich organisiert in den Wirtschaftsbeziehungen, in den Strafbestimmungen der Justiz und natürlich auch in den Heiratsregeln. Er wird rituell praktiziert in den Zeremonien des Begrüßens und der Verabschiedung auf der Straße. Die abstrakte Sprache der strukturalen

Theorie beschreibt dieses Netzwerk so: »In jeder Gesell-schaft geht der Austausch auf mindestens drei Ebenen vor sich: Austausch von Frauen; Austausch von Gütern und Dienstleistungen; Austausch von Mitteilungen.«[1] Und al-ler Austausch im Rahmen des Verwandtschafts-, des Wirt-schafts- und des Sprachsystems basiert auf der Regel, daß jede Gabe angenommen und erwidert wird.

Petrus setzt diese Regel voraus, wenn er die Lohnfrage stellt. Ich habe gegeben – was werde ich bekommen? Für den Protestantismus ist das eine ungehörige Frage, weil die Geldwirtschaft den Gabentausch zu einem Tausch von Waren verdorben hat. In der Geldwirtschaft herrscht des-halb die Illusion, daß man alles kaufen kann, selbst das Reich Gottes. Gegen diesen Wahn hat Luther im Ablaß-streit mit Recht polemisiert. Aber der Lohngedanke ist an den Geldverkehr nicht gebunden. Deshalb wird er auch im Neuen Testament trotz aller Kritik am Leistungsdenken der Menschen gegenüber Gott ganz selbstverständlich vor-ausgesetzt.[2]

Im Zusammenhang mit der Machtfrage ist der Lohn-gedanke deswegen wichtig, weil er eine wesentliche Vor-aussetzung enthält. Indem Petrus sich nach dem Lohn für seinen Einsatz erkundigt, erklärt er sich selbst zum hand-lungsfähigen Subjekt. Er macht Jesus und uns darauf auf-merksam: Die Jünger haben viel investiert in diese Bezie-hung, sie haben für die Nachfolge Jesu ihr eigenes Leben eingesetzt. Sie sind dabei keine willenlosen Werkzeuge und keine Marionetten, aber auch keine Idealisten gewesen. Mit der Entscheidung für Jesus sind sie Partner geworden, Partner in einem Austauschprozeß. Gewiß findet dieser Austausch zwischen höchst Ungleichen statt, zwischen einem Meister und seinen Jüngern, zwischen dem Heiligen und den Sündern. Aber wer sich zum Weg der Nachfolge entschließt, ist keine Null und wird nicht nichts. Er wird zu einem Menschen voller Selbstwertgefühl und voller Lebenserwartung: »Was bekommen wir dafür?«

Die Antwort Jesu respektiert die Haltung des Petrus. Sie enthält keine Zurückweisung, keinen Tadel, sondern eine ungeheure Bestätigung des Willens zum Leben, der sich in der Frage des Petrus ausgedrückt hat: »Wahrlich, ich sage euch: Ihr, die ihr mir nachgefolgt seid, werdet bei der Wiedergeburt der Welt, wenn der Menschensohn auf dem Thron seiner Herrlichkeit sitzen wird, auch auf zwölf Thronen sitzen und die zwölf Stämme Israels richten.« Petrus und den anderen wird die Thronfolge im Reich Gottes versprochen. Sie werden an der Macht des Heiligen Anteil gewinnen. Wie sie im Lauf der Weltgeschichte die zwölf Stämme des Volkes Gottes repräsentieren, so werden sie in der Endzeit an der Seite des Menschensohnes sitzen und das Richteramt praktizieren. Wenn Macht darin besteht, auf das Leben anderer positiv oder negativ einwirken zu können, dann ist keinem anderen Menschen mehr Macht zuerkannt worden. Irdische Richter entscheiden über einzelne und ihre Taten und verurteilen sie unter Umständen für eine begrenzte Zeit. Die Jünger Jesu nehmen am Endgericht teil, üben ihr Richteramt gegenüber dem Volk Gottes und entscheiden dabei über das ewige Heil.

In einer Zeit, in der Christ/innen andauernd von Minderwertigkeitsgefühlen geplagt sind, sind solche Aussagen sehr schwer zu verstehen. Aber wenn es eine Gemeinsamkeit in der neutestamentlichen Überlieferung gibt, dann ist es dieser Größenwahn über die Rolle der Gemeinde in der Welt- und der Heilsgeschichte. »Ihr seid das auserwählte Geschlecht, die königliche Priesterschaft, das heilige Volk, Gottes eigenes Volk; deshalb sollt ihr die großen Taten dessen verkündigen, der euch aus der Finsternis in sein wunderbares Licht berufen hat«, heißt es im 1. Petrusbrief (2,9). Vor aller Zeit sind diese Menschen erwählt. Trotz aller Sünde sind sie in ihrem Leben geheiligt. Durch alle Katastrophen hindurch werden sie in der Endzeit gerettet. Auch in der Kirchengeschichte haben sich die Christ/innen immer wieder als Elite verstanden. Sie haben Verachtung und Verfolgung erfahren. Sie haben sich selbst immer wieder auch als kleingläubig, ohnmächtig und feige erlebt. Aber immer wieder haben sie auch diese unglaubliche Selbstgewißheit entwickelt: Weil wir zum Leib Christi gehören, sind wir erwählt, geheiligt, für das ewige Leben berufen. Am Ende eines Lebens, das durch Verfolgung und Not führen kann, in dem man das Kreuz tragen muß, am Ende wartet der Thron.

II.

Den Jüngern wird für das Endgericht unglaubliche Macht zugesprochen. Eine Mutter aus diesem Kreis will für ihre beiden Söhne noch mehr: »Laß diese meine beiden Söhne in deinem Reich neben dir sitzen, den einen zu deiner Rechten und den anderen zu deiner Linken« (Matthäus 20,21). Selbst diese Bitte um eine Exklusivposition weist Jesus nicht ausdrücklich ab. Er fragt die beiden zunächst nur nach ihrer Bereitschaft, seinen Weg in die äußerste Ohnmacht mit ihm zu teilen. Als sie diese Frage bejahen, verweist er auf die Entscheidungsgewalt Gottes: »Meinen Kelch werdet ihr zwar trinken, aber euch zu gewähren, zu meiner Rechten und zu meiner Linken zu sitzen, steht mir nicht zu« (20,23). Ein höchst verschachtelter

Machtdialog findet hier statt. Die Bitte der Mutter um Macht für ihre Söhne wird von dem einen Sohn mit dem Hinweis auf die Macht des Vaters aufgehoben.

Für unseren Zusammenhang wichtiger aber ist der Fortgang der Szene. Zu klären ist das Problem, ob dem endzeitlichen Richteramt der Jünger eine irdische Herrschaftsrolle entspricht. Soll der himmlische Thron schon auf Erden zu sehen sein? Die Erklärung Jesu läßt an Deutlichkeit nichts zu wünschen übrig: »Ihr wißt, daß die Fürsten ihre Völker niederhalten und die Mächtigen ihnen Gewalt antun. So soll es unter euch nicht sein; sondern wer unter euch groß sein will, der soll euer Diener sein; und wer unter euch der Erste sein will, der soll euer Knecht sein« (Matthäus 20,25 f.). Macht in der Kirche muß sich auf jeden Fall von politischer Macht unterscheiden. Die Aussage Jesu nennt das Kriterium. Es darf in der Kirche keine Unterdrückung geben und keine Gewalt. Die Strukturen in der Gemeinde sollen sich also an einem zentralen Punkt von dem unterscheiden, was soziale Beziehungen in der Gesellschaft ansonsten charakterisiert. Auch hier, unter Christen, mag es ein Verhältnis von oben und unten geben. Aber die aus irgendwelchen Gründen oben sind, müssen die Freiheit und die Würde der anderen in jedem Fall respektieren, und niemals dürfen sie zu Zwangsmitteln greifen, um ihre eigenen Ansichten durchzusetzen und eigene Interessen zu verteidigen. Die, die in der Kirche das Sagen haben, sollen Diener sein und nicht Herrscher. Was ist damit praktisch gemeint?

Eine erste Möglichkeit der Anwendung hat in der Kirchengeschichte immer darin bestanden, das Machtproblem soziologisch zu lösen. Im Bereich von Strukturen und Rollen der Machtverteilung sollte der Unterschied zur staatlichen Praxis deutlich werden. Am Anfang von Reformbewegungen stand immer wieder die These, in der Kirche dürfe es überhaupt keinen Unterschied zwischen oben und unten, zwischen Redenden und Hörenden geben. Alle Getauften seien gleichberechtigt und gleichen Ranges, weil alle durch den Heiligen Geist zum Dienst in der Gemeinde geheiligt seien. Aber wie schnell kristallisierten sich trotz aller Machtkritik neue Autoritäten heraus, in der Reformation, im Pietismus, in allen Gruppierungen außerhalb der Großkirchen! Auch eine radikale Abschaffung von Autoritätsrollen und Führungspositionen hat das Machtproblem auf die Dauer nicht lösen können.

Also mußte und muß man Macht in der Kirche auf andere Weise reglementieren. Einen wesentlichen Schritt zur Relativierung hat die Reformation geleistet, indem sie die Priesterweihe beseitigt hat. Für Luther sind alle Christ/innen in der Taufe zu Priestern eingesetzt: »Christus ist Priester mit allen seinen Christen... Dies Priestertum läßt sich nicht machen oder ordnen. Hier ist kein gemachter Priester. Er muß Priester geboren sein und erblich aus der Geburt mit sich bringen. Ich meine aber die Geburt aus dem Wasser und Geist. Da werden alle Christen solche Priester des höchsten Priesters, Christi Kinder und Miterben.«[3] Auf dieser Basis kann es in der Kirche keine besondere Kaste geben, keinen Klerikerstand, der durch ein spezielles Sakrament konstituiert wird und gegenüber den Getauften spezifische Privilegien hat. Wenn die Pfarrer/innen mit der Verkündigung des Wortes Gottes und der Verwaltung der Sakramente betraut sind, dann versehen sie das Amt, das allen Getauften gehört, im Auftrag der Gemeinde. Die Macht, die sie damit zweifellos innehaben, weil sie in das Leben anderer eingreifen können, diese Macht beruht auf Delegation seitens der Gemeinde, nicht auf Separation von der Gemeinde. Alle Rechte, die sie zugesprochen erhalten, besitzen sie nicht exklusiv. Jeder Christ kann predigen, jede Glaubende kann im Notfall die Sakramente austeilen.

Das haben alle Pfarrer/innen bei der Wahrnehmung der ihnen eingeräumten Möglichkeiten zu respektieren. So kommentiert der Kirchenrechtler A. Stein das sogenannte »Kanzelrecht«, das die Mitwirkung anderer im Gottesdienst von der Zustimmung des Ortspfarrers abhängig macht: »Dieser Erstauftrag des Pfarrers bedeutet ein Mehr an Verantwortung, nicht ein geistliches Besitzrecht. Sein Erstauftrag gilt der ›Gemeinde von Brüdern‹; und die Achtung des allgemeinen Priestertums der Gläubigen wird sich darin erweisen, daß der Pfarrer die geistlichen Gaben seiner Mitchristen auch im Bereich des Gottesdienstes achtet und gelten läßt. Das ›Kanzelrecht‹ des Pfarrers hat dann seinen rechten Sinn, wenn es zum rechtlichen Mittel wird, die Fülle der geistlichen Gaben zu pflegen.«[4]

Ebenso wichtig für den angemessenen Umgang mit Macht in der Kirche sind neben den soziologischen und den rechtlichen Regelungen die psychologischen Voraussetzungen. Daß kirchliche Macht sich von politischer Macht unterscheiden soll, bildet für die Praxis keine Erleichterung, sondern eine Erschwerung. Gewiß kann man sich leicht darüber verständigen, daß man in der Kirche nicht selbst-, sondern sachbezogen arbeiten soll. Altruistisch, nicht egoistisch sollen alle in der Gemeinde handeln. Die Verwaltung von Macht sollte ihnen mehr Last als Lust bereiten. Aber solche allgemeinen Maximen sind im konkreten Konfliktfall unter Umständen wenig hilfreich, weil natürlich alle Seiten versichern, sie selbst seien gar nicht machtinteressiert, und weil man meistens die anderen beschuldigt, aus purem Machtstreben einen Streit angezettelt zu haben. Daß Macht auch in psychologischer Hinsicht nicht zur Selbstbefriedigung und zur Selbstdurchsetzung mißbraucht werden soll, wird im übrigen nicht nur in der Kirche gefordert.

Der deutsche Protestantismus steht freilich gegenwärig in einer ganz anderen Gefahr. Nicht die Anmaßung von Macht bestimmt hier das Handeln, sondern die Flucht vor der Macht und die Verweigerung von Verantwortung, die mit Machtpositionen unvermeidlich verbunden ist. Es wird kein Zufall sein und ist auch nicht nur aus der historischen Situation zu erklären, daß schon die Reformation alle Machtaspekte der kirchlichen Praxis an die staatliche Obrigkeit delegiert hat. Bis heute wird in der protestantischen Kirche Macht gerne versteckt, bürokratisch garniert, an Gremien delegiert, durch Sachzwänge oder den Willen einer schweigenden Mehrheit legitimiert. Nur wenige Machtträger sind bereit, für schwierige Entscheidungen, die tief in das Leben kirchlicher Mitarbeiter hineinreichen, persönlich die Verantwortung zu übernehmen. Natürlich muß Macht, auch und gerade in der Kirche, durch Recht kontrolliert und begründet werden. Aber auch und gerade in der Kirche sollte die Regel gelten: Was anonyme Instanzen für rechtmäßig erklären, muß von Leitungsfiguren auch gegenüber Angriffen persönlich verteidigt werden.

Nicht zuletzt die Pfarrerschaft in unserer Kirche hat ein erhebliches Ausmaß an Angst vor der Macht ihres Amtes. Hilfsbereitschaft wird dann mit Anpassungsfähigkeit verwechselt. Die Liebe wird von allen aggressiven Zügen gereinigt. Die notwendige Kritik, die unumgängliche Zumutung werden den anderen nach Möglichkeit erspart. Wer die eigene pastorale Rolle mit innerem Mißbehagen wahrnimmt, vermag ihre Würde in kränkenden Situationen nicht zu verteidigen. Und wem es an persönlichem Durchsetzungsvermögen mangelt, der kann die eigene Ich-Schwäche durch übertriebene Leutseligkeit kaschieren.

Nur scheinbar im Widerspruch dazu steht die Lage vieler Mitarbeiter/innen, die sich von ihren Pastoren nicht ernst genommen und an den Rand gedrängt fühlen. Offenkundig kann unter der Maske der Freundlichkeit viel Herrschsucht lauern. Es kann aber auch, wenn die eigene Machtposition nicht bewußt akzeptiert wird, zu erheblichen Kommunikationsstörungen bei der Wahrnehmung von Leitungsaufgaben kommen. Und schließlich ist die Spannung zwischen der theologischen Parole, daß alle in der Gemeinde Jesu Christi gleich sind, und der sozialen Realität, in der es ökonomische, rechtliche, hierarchische Differenzierungen gibt, auf allen Seiten nicht leicht zu bewältigen. Darüber hinaus muß man konstatieren, daß gerade Theologen in kirchenleitenden Gremien eine eigentümliche Doppelpolitik treiben. Der Einsatz eigener Machtmittel wird damit begründet, daß die Kirche als Institution durchaus mit weltlichen Methoden und nach weltlichen Prinzipien zu operieren habe. Den Mitarbeiter/innen dagegen werden Rechte zur Interessenvertretung mit dem Hinweis darauf verweigert, daß gewerkschaftliche Formen der Tarifauseinandersetzung dem geistlichen Charakter der Kirche widersprechen.

Macht, als Dienst gelebt, verführt individuell und kollektiv leicht zur Heuchelei. Die eigenen Wünsche, auf das Leben anderer einzuwirken, werden aus dem Bewußtsein verdrängt, aber in der Praxis um so kräftiger ausagiert. Der Vorgesetzte, der keine klaren Anweisungen erteilt und keine deutlichen Grenzen zieht, wird für Mitarbeiter/innen ungreifbar, aber er will auch nicht angreifbar sein. Wer andere, ihre Person, ihre Einstellung oder ihre Lebensführung ablehnt, aber auch in kritischen Situationen keinen offenen Ausdruck seiner Aggressivität wagt [5], vergiftet die Beziehung, obwohl er sie gerade zu retten versucht.

Ohne Selbstbewußtsein, ohne den offen geäußerten Anspruch, der zu diesem Amt gehört, ohne Zumutungen werden die Repräsentanten von Religion für andere uninteressant. Der nette Nachbar ist beliebt, aber austauschbar. In der Gemeinde Jesu Christi soll es nicht Herrschaft im weltlichen Sinne geben. Aber der Dienst, zu dem die Jünger berufen sind, greift nicht weniger als die Macht des Schwerts in das Leben der anderen ein.

III.

In der Gemeinschaft der Jünger Jesu hat ein Thron keinen Platz. Dennoch ist die kirchliche Kunstgeschichte reich an Beispielen dafür, daß man den Sitz des Bischofs immer wieder, was seine räumliche Plazierung, seine Größe und seine künstlerische Gestaltung betrifft, nach dem Vorbild staatlicher Repräsentanz entworfen hat. Der erhöhte Sitz soll dem Inhaber Ansehen verschaffen. Schon bei »vielen Primaten kann man Ranghohe daran erkennen, daß sie am meisten von allen übrigen Mitgliedern angesehen werden«.[6] Natürlich geht es dabei nicht nur um den Funktionsgewinn an Sichtbarkeit. Immer wieder bedeutet die reiche Ausgestaltung des Klerikersitzes auch eine Demonstration von geistlicher Macht, zumal in den christlichen Kirchen bis ins 16. Jahrhundert hinein das Sitzen dem geistlichen Stand und den Vertretern der politischen Obrigkeit vorbehalten war.[7]

Der protestantische Pfarrer sitzt in den Phasen des Gottesdienstes, in denen er nicht aktiv ist, meist unauffällig in der ersten Bankreihe. Hervorgehoben ist seine Position am

Altar und vor allem während der Predigt. Der Kanzelauf-tritt findet an einer Stelle des Kirchengebäudes statt, an der der/die Geistliche alle Anwesenden überblickt und über-ragt. Auch das kann man zunächst funktional begründen, weil es der besseren Verständlichkeit dient. Aber unbe-streitbar enthält diese Position auch Machtaspekte. Und nicht ohne Grund hat man vorgeschlagen, die doktrinäre Struktur der monologischen Kanzelrede durch Gesprächs-gottesdienste aufzubrechen.[8] Wenn andere im Gottes-dienst ebenfalls das Wort nehmen dürfen, dann verliert der hervorgehobene Auftritt eines/r einzelnen seinen Sinn und bedarf auch der architektonischen Auszeichnung nicht mehr.

Die Kanzel ist in dieser Hinsicht ein rhetorischer Thron. Wer hier steht, der darf reden und zwingt andere zum Hö-ren. Was könnte die alte Redensart aus dem pastoralen Jar-gon, der Pfarrer habe mit dem Wort zu dienen, an dieser Stelle bedeuten? Ein reines Vergnügen scheint der Weg die Kanzeltreppe hinauf nicht zu sein. Luther hat die Kunst des Predigens an den Etappen dieses Weges exemplifiziert: »Erstlich musset ihr lernen auffsteigen zur cantzel; zum an-dern, daß ihr auch wisset ein zeitlang darauff zu verharren; zum dritten, lehrt auch wieder herunter steigen.«[9] Für den Dienst am Wort, der auf der Kanzel, aber auch in jeder anderen Lebenslage geschehen kann, braucht man nach Luthers Meinung eine Berufung, eine Lehre und die Fähig-keit, wieder aufzuhören. Daß Christ/innen und Pfarrer/innen sich heute so schwach und ohnmächtig fühlen, wenn es um die Weitergabe des Evangeliums geht, hängt viel-leicht mit den Voraussetzungen zusammen, die Luther für den Kanzelauftritt benennt.

Für den Dienst am Wort braucht man zunächst eine »rechte und göttliche Berufung«, eine Vokation, wie es im

Lateinischen heißt. Natürlich sind Christen getauft, natürlich sind Pfarrer ordiniert, natürlich soll man diese Akte der Berufung zur Weitergabe des Worts nicht verachten. Oft genug aber werden sie ohne Weitergabe von Vollmacht vollzogen. Die Taufe ist dann eine Familienfeier, die Ordination eine kirchliche Handlung mit rechtlichen Folgen. Daß in, mit und unter diesen Handlungen ein göttlicher Ruf erschallt, der Menschen von bösen Mächten befreit und mit der Segensmacht Gottes erfüllt, davon ist in vielen Fällen wenig zu spüren. Menschen ohne diese Berufung durch Gott werden den Dienst am Wort nicht versehen können, weil ihnen die Vollmacht fehlt. Sie werden, vielleicht rhetorisch durchaus gekonnt, ihre eigenen Einsichten weitergeben. Sie werden die kirchliche Meinung oder eine christliche Weltanschauung vertreten. Sie werden politische Aufklärung und seelsorgerliche Beratung betreiben. Sie werden aus eigener Überzeugung, aus konservativer oder progressiver Einstellung, in erbaulicher oder kritischer Absicht reden – nur das eine bringen sie nicht zur Sprache, das Wort, das aus der Welt Gottes kommt und das Leben der Menschen verändert. Ohne Berufung redet man auf der Kanzel, aber auch im ernsthaften Gespräch dem anderen nach dem Mund, oder man verbreitet persönliche Herzensergüsse, oder man dient in aller Aufgeregtheit dem Zeitgeist.

Wer auf die Kanzel geht oder in ein intensives Gespräch gerät, braucht neben der Berufung nach Luthers Meinung auch »eine reine und einfache Lehre«. Der Dienst am Wort erfolgt spontan, aber nicht unüberlegt. Er ist von Gefühlen erfüllt und deshalb bedachtsam. Freilich, die Lehre, die Luther hier meint, ist keine direktive Belehrung. Hier redet keiner, der es besser weiß, von oben herab. Hier wird weder Theologie unterrichtet, noch werden sittliche Gebote und moralische Regeln weitergegeben. Die Lehre ist für Luther beim Dienst am Wort deswegen wichtig, weil sie die Unterscheidung im Wort Gottes selber erlaubt. Verkündigen heißt keineswegs allen immer dasselbe sagen. Die Trauernden brauchen Trost. Den Hochmütigen will gedroht sein. Den Verzweifelten ist die Gnade, den Unbußfertigen ist das Gericht Gottes anzusagen. Wer das Wort Gottes vermitteln will, so daß es Lebenskraft schenkt und Lebensgewißheit aufschließt, der muß nach Luther die Kunst der Lehre beherrschen, die eine Kunst der Differenzierung und der Kontrastierung ist. Zur einen Seite hin gilt: »Prediger sind die größten Mörder.«[10] Sie müssen in harten Worten die Gottlosigkeit beim Namen nennen und dürfen also weder feige noch käuflich sein. Zur anderen Seite gilt aber ebensosehr: »Ein Gewissen aufrichten, das ist mehr als hundert Königreiche besitzen.«[11] Wer dem Wort Gottes dient, der muß so stark sein, daß er sich weder in die Bösartigkeit des einen noch in die Verzweiflung des anderen hineinziehen läßt. Eben deswegen braucht er, auf der Kanzel und im Gespräch, den Halt an der Lehre.

Schließlich muß, wer dem Wort Gottes dient, darauf achten, daß er nicht über die Zeit hinaus redet. Das scheint auf den ersten Blick nur ein guter Ratschlag an jene zu sein, die an der Berufskrankheit der meisten Redner leiden: Sie hören nicht auf. Aber natürlich darf man vermuten, daß bei Luther ein solcher Satz auch theologisch gefüllt ist. Die Stunde, von der hier die Rede ist, meint dann die Zeit des Kairos, die Zeitspanne also, in der Gottes Geist präsent, in der Gottes Reich gegenwärtige Wirklichkeit ist. Das Ende ist dann weder durch rituelle Gewohnheit gesetzt (eine Predigt dauert 20 Minuten). Es stellt sich auch nicht deswegen ein, weil die Gesprächspartner alle erschöpft sind. Von der Kanzel herabsteigen, das Gespräch ausklingen lassen, das ist dann angebracht, wenn das für heute verordnete Ziel auf dem Lebensweg im Namen Gottes erreicht ist.

Menschen, die beruflich oder privat im Dienst der Verkündigung tätig werden, sollen nicht herrschsüchtig, aber sie dürfen auch nicht schwach, feige und unfähig sein. Wer im Namen Gottes das Wort ergreift, der agiert im Handlungsfeld einer Macht, die gewaltige Wirkungen auslöst. Der Psychoanalytiker T. Moser hat die »Gottesvergiftung« beklagt, die ihm im Rahmen einer christlichen Erziehung widerfahren ist. Und E. Drewermann hat am Beispiel der römisch-katholischen Kirche beschrieben, »daß ein politisches System, selbst wenn es, wie der Weltbolschewismus eine Zeitlang, sich mit dem messianischen Anspruch einer Ersatzreligion umgibt, niemals über die Macht verfügt, die Person des Einzelnen bis in ihre geheimsten Gefühle hinein zu dirigieren«.[12]

Im Machtbereich Gottes braucht man keinen Thron, um über andere Menschen zu herrschen. Im Kontakt mit der Allmacht kann man selber größenwahnsinnig werden. Was kann man tun, um dieser Gefahr nicht zu verfallen? Die eine Möglichkeit wird heute meist praktiziert: die christliche Flucht in die Ohnmacht. Die andere Möglichkeit klingt in den Texten an, die das Problem des Throns in der Gemeinde traktieren. Petrus hat alles verlassen (Matthäus 19,27); Johannes und Jakobus sind zu allem bereit (Matthäus 20,22). Offensichtlich muß man alles aufgeben können, um der Macht Gottes zu dienen. Vollmacht in der Religion ist nicht billig zu haben. Sie kostet auf jeden Fall und in vielerlei Formen Verzicht. Der Dienst am Heiligen schließt die Heiligung ein. Menschen, die von Gottes Macht in ihrem Leben spürbar ergriffen sind, benötigen keine politische Gewalt und keine privilegierte Position, um bei anderen zu wirken. Aus der Perspektive der Vollmacht sind Herrschaftsallüren jedweder Art Krücken und Korsetts, um zerbrechliche Machtansprüche mit allen Mitteln aufrechtzuerhalten. Im Machtfeld Gottes dagegen gibt es die Fähigkeit zu einem Dienst, der nicht auf Schwäche beruht und nicht auf Unterwürfigkeit abzielt. Denn wer bereit ist, wie Petrus und die anderen mit dem Meister zu sterben, der kann für andere leben, ohne die ihm anvertraute Macht andauernd für eigennützige Zwecke anzuwenden.

DIE HÜTTE

Herr, es ist gut, daß wir hier sind.

Matthäus 17,4

Die Wirklichkeit des gelebten und erlittenen Lebens muß in den Gottesdienst so integriert werden, daß sie in das Licht Gottes gerät. Also keine Wiederholung der Tagesschau, keine Weitergabe der Spiegel-Lektüre! Alles, was von den Medien verbreitet wird, wird in der Gegenwart Gottes von seinem Licht überstrahlt. Unglaublich? Ja!

I.

Petrus, der Fischer, der zum Menschenfang unterwegs ist, wartet auf den himmlischen Thron. Aber während seiner irdischen Wanderschaft soll er allen anderen dienen. Die drei Jünger, deren Sehnsucht nach einer Machtposition so unverhüllt zutage getreten ist, machen eine merkwürdige Erfahrung. Man hat die Szene, um die es geht, entweder als Verklärung oder Entrückung oder Verwandlung Jesu charakterisiert.

Schon das Szenarium verspricht einen großen Augenblick. Jesus führt die drei Jünger auf einen hohen Berg, an eine Stelle also, die für die symbolische Tradition der Religion von jeher Stätte der Gottesbegegnung und des Offenbarungsempfanges gewesen ist. Auf einem Berg hat Mose die Gebote erhalten (2. Mose 24). Auf einem Berg hat Jesus die bessere Gerechtigkeit proklamiert (Matthäus 5–7). Jesus selbst wird mit einem überirdischen Lichtglanz umstrahlt. Seine Kleidung wird in leuchtendes Weiß getaucht. Sein Gesicht gewinnt einen Glanz, den man nur mit der Intensität des Sonnenlichtes vergleichen kann. Mose und Elia, zwei große Gestalten der jüdischen Heilsgeschichte, gesellen sich zu ihm und reden mit ihm. Das alles soll deutlich machen, daß sich die Himmelswelt auf die Gegenwart senkt. Die Lichtwolke, in der Jahwe Israel durch die Wüste begleitet (2. Mose 13, 21 f.), die das Stiftszelt überschattet (2. Mose 40, 34–38) und den Tempel Salomos ausgefüllt hat (1. Könige 8, 10 f.), sie umwölbt auch hier das Geschehen. Und eine Stimme, die in diesem Zusammenhang nur göttlich sein kann, erklärt Jesus im feierlichen Stil des Thronbesteigungsrituals in Jerusalem (Psalm 2,7) zum Sohn Gottes. Was den drei Jüngern widerfährt, ist das Geschehen göttlicher Epiphanie, ein gewaltiger Augenblick religiöser Erfahrung.

Petrus möchte den momentanen Eindruck fixieren. »Herr, es ist gut, daß wir hier sind!« Was ihm in der Zeit widerfahren ist, möchte er in einem Raum festhalten: »Willst du, so wollen wir hier drei Hütten bauen, für dich eine, für Mose eine und für Elia eine« (17,5). Der Augenblick religiöser Ergriffenheit ist so schön, daß er zum Verweilen verführt. Was Petrus mit seinem Angebot im einzelnen gemeint haben könnte, ist unklar. »Entweder geht es ganz simpel um Behausungen für die himmlischen Gäste. Dann will Petrus ganz unpassend die Himmlischen nach der Art der Irdischen empfangen. Daß die Himmlischen in Zelten auf Bergen wohnen, ist ein unmöglicher Gedanke! Oder es geht ihm um das ›Wohnen‹ der Himmlischen auf dem Berg, so wie die Schekina im Tempel oder in der heiligen Stadt wohnte... Dann möchte er die Himmlischen auf diesem Berge festhalten.«[1]

Jesus tadelt das Ansinnen des Apostels nicht. Auch der kritische Kommentar, den Markus dazu geliefert hat (Markus 9,6), ist bei Matthäus fallengelassen. Daß man den Augenblick der Gottesbegegnung ausdehnen möchte, ist kein Indiz für Geistesverwirrung, sondern selbstverständlicher Ausdruck existentieller Betroffenheit. Zumal Petrus seinen Vorschlag ausdrücklich einschränkt: »Wenn *Du* willst.« Jesus will nicht. Das Geschehen geht weiter. Jesus selbst rückt in das Licht einer göttlichen Willenserklärung, die für den Glauben des Petrus wesentlich ist: »Dies ist mein lieber Sohn, an dem ich Wohlgefallen habe: auf den sollt ihr hören!« Wenn etwas am Verhalten des Petrus unangemessen ist, dann ist es nicht der Wunsch, das außergewöhnliche Erlebnis festzuhalten. Viel störender ist seine Handlungsbereitschaft, seine Planungswut. Wenn sein

Wunsch in Erfüllung gegangen wäre, dann hätte er nämlich das Offenbarungsgeschehen mittendrin unterbrochen, dann wäre die Proklamation Jesu zum Gottessohn nicht passiert. Das ist die Gefahr bei der Verarbeitung religiösen Erlebens. Wenn man diese Erfahrung erfassen will, geht sie verloren.

Das gilt nicht zuletzt für jenes Problem, mit dem unvermeidlich zu tun bekommt, wer diese Szene wirklich verstehen will. Von welcher Realität ist hier eigentlich die Rede? Offensichtlich geht es hier nicht um historische Tatsachen im alltäglichen Sinn dieses Wortes. E. Drewermann hat recht, wenn er feststellt, es sei »aussichtslos, weil gewalttätig, unmenschlich und im Sinne Fichtes ›nihilistisch‹, einen Glaubensdogmatismus zu fordern, der sich polemisch gegen das Denken und gegen die Vernunft richtet.«[2] Einen Ausweg aus dem Dilemma zwischen historischer Kritik und Glaubensgewißheit findet er darin, daß »man anerkennt und einräumt, daß es ›ersonnene Fabeln‹ gibt und geben kann, die sehr wohl in einem symbolischen Sinn eine geschichtliche Wahrheit, ja, mehr noch: eine ewig gültige Bedeutung in sich schließen, obwohl sie im äußeren Sinne historisch sich niemals ereignet haben.«[3] Im Rahmen einer solchen symbolischen Interpretation enthält die Perikope für Drewermann deshalb ein beträchtliches Wahrheitsmoment: »Allerdings handelt es sich um eine Wahrheit des historischen Jesus, die man nur mit den Augen des Geistes, nicht mit den äußeren Sinnen wahrnimmt, und das ist gerade die symbolische Ausdrucksweise, die in die Zonen hinabreicht, in denen die Wahrheit der Bilder zu Hause ist.«[4]

Es ist sehr die Frage, ob man sich mit einer solchen Alternative begnügen darf. Wenn die Verklärungsgeschichte entweder historisches Ereignis oder symbolische Wahrheit ist, dann verliert sie im Streit zwischen Empirie und Psychologie ihren Wirklichkeitsanspruch. Einen Ausweg liefert die phänomenologische Analyse, die darauf aufmerksam macht, daß gerade religiöse Erfahrungen mit Licht- und Sonnenmetaphern beschrieben werden, und die darauf insistiert, daß man die Begegnung mit Atmosphären des Göttlichen nicht auf psychologische Projektionsmechanismen reduzieren darf. Die Macht des Heiligen, die sich im gewaltigen Augen-Blick auftut, wird nur respektiert, wenn man darauf verzichtet, das Geschehen in Kategorien des empirischen Historismus oder des psychologischen Alltagsbewußtseins einzufangen. Auch einem theoretischen Hüttenbau wird sich dieses Machtgeschehen entziehen.

II.

Petrus hat seinen Plan nicht fallengelassen. Die Hütte, die das Heilige gastlich aufnehmen sollte, wurde gebaut. In den ersten Jahrhunderten der Kirchengeschichte konnten sich die Christen angesichts von Verfolgung und Unterdrückung nur in privaten Räumen treffen. Aber seit der Konstantinischen Wende, also vom 4. Jahrhundert an, war es ihnen dann möglich, für ihre Versammlungen sakrale Räume zu bauen.[5] Die Hütten, die sie errichtet haben, wuchsen mit der Zeit in gewaltige Dimensionen und ähnelten immer mehr den Trutzburgen und Palästen, hinter deren Mauern sich die Machthaber dieser Welt zu verschanzen pflegen. Die Felsengemeinde schuf Felsengebäude, zur Ehre Gottes, zur eigenen Erbauung.

Protestantischer Spiritualismus neigt zu der Ansicht, daß christliche Spiritualität solche gestalteten Räume für die Gottesbegegnung nicht brauche. Schließlich könne die Macht des Heiligen einen Menschen auch im Gewitter oder bei einem Autounfall erwischen. Und die kirchlichen Statistiken liefern andauernd die Information, daß die großen Gebäude heute eine Woche lang leerstehen und in der Gottesdienststunde nur von einer kleinen Gemeindeschar frequentiert sind. Die protestantische Kirche leidet unter einem architektonischem Erbe, dessen Folgekosten sie ökonomisch belastet und dessen Ausnutzung in keinem Verhältnis zum finanziellen Aufwand steht. Die Kritik an den Bauplänen des Petrus ist deshalb vielen aus dem Herzen gesprochen.

Nicht Kirchbau, sondern Gemeindeaufbau ist das Leitmotiv für die kirchliche Gegenwart. Gebäude hat man in der Geschichte genug errichtet. Jetzt geht es darum, Menschen zu finden, die sich weiterhin zur Gemeinde halten. Weil die meisten nur selten oder gelegentlich den Weg in die Kulträume gehen, müssen Methoden entwickelt werden, um sie in ihren Häusern aufzusuchen. Dort, in den Hütten der Armen, in den Villen der Reichen, finden jene Begegnungen statt, die um Gottes willen ein Leben verändern. Und dorthin, in die Wohnungen der Bürger/innen, zu den Schlafplätzen der Obdachlosen, haben jene zu gehen, die anderen um Christi willen zu helfen versuchen.

Hinter all diesen Überlegungen, hinter finanziellen Kalkulationen, volksmissionarischen Aktivitäten und diakonischen Absichten steckt eine einzige Vorentscheidung, die in Kurzform besagt: Nicht der Kontakt mit dem Heiligen, sondern die Kommunikation mit den Menschen ist das zentrale Problem der Kirche von heute. Weil die Menschen nicht mehr in den Gottesdienst kommen, müssen wir ihnen nachgehen und sie mit allen modernen Medien und Methoden anzusprechen versuchen. Weil sie die religiöse Sprache nicht mehr verstehen, müssen wir die christliche Botschaft in Formen der Unterhaltung und in Begriffen, die dem Alltagsbewußtsein zugänglich sind, präsentieren. Weil allen Gelegenheitsbesuchern das traditionelle Gottesdienstritual exotisch vorkommen muß, müssen wir nach neuen Gestalten liturgischer Praxis suchen, die Menschen im symbolischen Code ihrer Generation, ihrer Schicht, ihres Welthorizonts anzusprechen vermögen.

Eine große Bewegung hat die Kirche erfaßt, und diese Bewegung ist gegenläufig zu allem, was die Verklärungsszene durchzieht. Nicht hinauf auf den Berg der Gotteserfahrung strebt die Grundrichtung aller Aktivitäten, sondern hinab in die Niederungen des alltäglichen Lebens und Leidens. Nicht das Licht der Himmelswelt wird gesucht; in der Nachfolge Jesu wollen sich Christen um die Dunkelheit menschlicher Leidenserfahrung kümmern, und oft genug verfallen sie auch der Finsternis menschlicher Leidenschaft. Nicht die Tradition, die große Väter (und Mütter) im Lauf der Kirchengeschichte uns hinterlassen haben, steht im Brennpunkt der Aufmerksamkeit, sondern die jeweils neueste Mode, die das Problembewußtsein des Zeitgeistes bestimmt und Handlungserfolge im Umgang mit Menschen verspricht. Bis in den Gottesdienst hinein wirkt dieses Gesetz. Nicht das Wort Gottes, nicht die Gegenwart des Heiligen scheint die Grundschwierigkeit dieses Praxisfeldes zu sein, sondern die Verständigung mit den Menschen. Deshalb eine Vielzahl liturgischer Experimente. Deshalb das Angebot einer freundlichen, gemütlichen Atmosphäre. Deshalb dort, wo Verklärung geschehen könnte, das permanente Diktat des Erklärens.

Was steht hinter dieser fatalen Grundorientierung, die

die kirchliche Praxis beherrscht? Wahrscheinlich ist es ein doppelter Aberglaube, eine falsche Einschätzung der Machtverhältnisse, unter denen die Kirche heute zu arbeiten hat. Auf der einen Seite gilt die Maxime: Die Beziehung zu Gott ist für uns kein Problem. Eine klerikale Anmaßung, weil sie die Macht Gottes gepachtet zu haben glaubt. Auf der anderen Seite grassiert die Sorge: Die Menschen laufen uns weg, wenn wir nicht alles tun, um sie aufzuhalten und heimzuholen. Auch das eine klerikale Haltung aus der Angst der Ohnmacht heraus. Als ob man in der Religion durch Werbestrategien und Vertreterbesuche Menschen zum Gotteskonsum verführen könnte.

Es gibt viele gute Gründe für Zeitgenossen, das Milieu einer Kirchengemeinde zu meiden. Dort herrscht eine Hüttenmentalität, die in vieler Hinsicht beschränkt ist. Durch das Klima oberflächlicher Freundlichkeit, durch das Freizeitangebot andauernder Redseligkeit, durch die schichtenspezifische Ausrichtung auf das kleine und mittlere Bürgertum erreicht die Kirchengemeinde eine ganze Anzahl von Menschen. Aber andere stößt sie auf diese Weise auch ab. Vor allem die, die unter den harten Bedingungen des kapitalistischen Marktes arbeiten müssen und deren Handeln dort von ganz anderen Gesetzen diktiert wird, können es sich nicht leisten, sich einem Machtbereich auszusetzen, in dem nicht Konkurrenz, Effizienz und Rationalität das Leben bestimmen, sondern Vertrauen, Gerechtigkeit und Versöhnung. Wahrscheinlich ahnen viele von denen, die nicht mehr in den Gottesdienst kommen, welche Bedrohung für ihr bisheriges Leben von diesem Machtbereich ausgehen kann. Man muß schon sehr viele Immunisierungsstrategien entwickelt haben, um sich in die Nähe Gottes zu wagen und anschließend unversehrt in das alte Dasein zurückzukehren. Im Gottesdienst der

Gemeinde wird, wenn er wirklich stattfindet, die Macht Gottes präsent. Wer einen solchen Gottesdienst nicht besucht, hat etwas von der Macht Gottes verstanden.

Menschen meiden die Kirchengemeinde und ihre liturgischen Veranstaltungen auch aus dem feinen Gespür heraus, daß es Gottesbegegnung nicht im Sonderangebot geben kann. Während die einen in der Distanz verharren, weil sie dort eine gründliche Verwandlung ihres bisherigen Lebens befürchten, wirkt die gemeindliche Lebenswelt für andere uninteressant, weil sie eine wirkliche Alternative suchen. Einen Berg der Verklärung, einen Ort der Verwandlung, eine Stätte der Erneuerung gibt es hier nicht. Religion findet hier als Freizeitbeschäftigung statt, zur Ablenkung von den Sorgen des Alltags, zur Pflege angenehmer Geselligkeit, aber ohne den Ernst und die Härte, die zur Gotteserfahrung gehören. Gerade junge Menschen, die das Wesentliche des Lebens ergründen wollen, sind vom kirchlichen Leben in vieler Hinsicht enttäuscht.

Weil es im Gottesdienst der Gemeinde um die Begegnung mit der Macht des Heiligen geht, bleiben alle Versuche der Anbiederung vergeblich. Die einen fürchten diese Macht, die anderen sehnen sich nach der Begegnung mit ihr. Beide Gruppen können eine kirchliche Verkaufsstrategie, die mit Ermäßigungen der verschiedensten Art operiert, nicht glaubwürdig finden. Die einen werden mißtrauisch bleiben, weil sie mit Recht unterstellen, daß Gott nicht so billig zu haben ist. Die anderen werden sich entschlossen abwenden und zu elitären Zirkeln wandern, in denen der Zustrom heiliger Lebensenergie und die Umgestaltung des eigenen Daseins spürbar zu erfahren sind.

Nicht die Zuwendung zur Welt ist die Aufgabe der protestantischen Kirche heute, sondern die Suche nach einer wirklichen Gottesgemeinschaft. Nicht mehr selbstgefällige

Apathie wirkt auf Außenstehende abstoßend, sondern ihre unaufhörliche Hektik. Nicht Unverständlichkeit hat die Gottesdienste entleert, sondern die pausenlose Verbreitung platter, selbstverständlicher Banalitäten. Eine Kirche, die voller Ohnmachtsgefühle allen Menschen und allen Moden nachzulaufen versucht, muß lernen, sich in die Macht Gottes zurückzuziehen.

III

Herr, es ist gut, daß wir hier sind.« Petrus hat etwas entdeckt, das dem Glauben zu allen Zeiten wichtig gewesen ist. Der Umgang mit der gewaltigen Macht des Heiligen bedarf der Umfriedung. Gewiß ist diese Macht überall – und nirgends zu finden. Gewiß kann sie jeden Menschen an jedem Ort und zu jeder Zeit seines Lebens erreichen. Aber gerade der, der die Unverfügbarkeit und die Unheimlichkeit des Göttlichen ernst nimmt, darf dankbar sein dafür, daß für die Annäherung an diesen Machtbereich strukturierte Räume und feste Zeiten vorhanden sind. Die Gegenwart Gottes präsentiert sich auch in lokalen Residenzen. Und Petrus hat bei der Verklärung Jesu erlebt, was in den Ereignissen kultischer oder mystischer Gottesbegegnung durch die Zeiten hin immer wieder geschieht. Elemente dieser Szene sind in der Liturgiegeschichte für die architektonische Gestaltung und die dramaturgische Füllung von Gotteshäusern immer herangezogen worden.

Die Gottesbegegnung findet statt auf dem Berg der Verklärung. Wer sich diesem Machtbereich nähern will, muß heraus aus den Niederungen des Alltags. Der Berg vermittelt eine Richtungstendenz: nach oben! vom Irdischen weg in die himmlische Welt! Und dort, wo man auch immer wieder Kirchen errichtet hat, im Zentrum einer Menschengemeinschaft, soll die Himmelskraft, die in den Gebäuden einzieht, aus der Mitte in alle anderen Lebensbereiche wirken.

Nicht alle Anhänger Jesu sind schon für die Gottesbegegnung reif. Jesus wählt nur drei, Petrus und Jakobus und Johannes, für diese intensive Erfahrung. Der Weg in dieses Erleben ist lang und verschlungen. Es braucht viel Vorbereitung, viel inneres Wachstum, viele Prüfungen, bis man für diese Begegnung gerüstet ist. Deshalb hat man in der Kirchengeschichte immer wieder Vorbereitungsphasen und Zulassungsstufen entwickelt, um Menschen an die Macht Gottes heranzuführen. Das ganze Leben des einzelnen ist ja ein individueller Prozeß der Annäherung an die Gottesgemeinschaft. Und eine Kirche, in der jede(r) jederzeit alles haben und alles machen kann, nimmt die Wachstumsgesetze des Glaubens nicht ernst. Auch in einem Gottesdienst sind nicht alle Anwesenden, sondern immer nur einzelne zu der intensiven Glaubenserfahrung, die in diesem Augenblick ansteht, berufen.

Aber was passiert, wenn in einer Gemeindeversammlung Gottes Dienst an Menschen geschieht? Das erste Stichwort, das vom Text her unbedingt genannt werden muß, ist: Erleuchtung.[6] In die Dunkelheit der Weltgeschichte und der individuellen Biographie, in die Düsternis verzweifelter und geängsteter Seelen bricht Licht von oben. Man hat in den beiden letzten Jahrzehnten im Blick auf Gottesdienst und Predigt die Parole verbreitet: Die Wirklichkeit des Lebens, die Realität von Elend und Leid darf nicht vergessen werden. Das ist sicher richtig. Aber die Wirklichkeit des gelebten und erlittenen Lebens muß in den Gottesdienst so intergriert werden, daß sie in das Licht Gottes gerät. Also keine Wiederholung der TAGESSCHAU, keine Weitergabe der SPIEGEL-Lektüre! Alles, was von den Medien verbreitet wird, wird in der Gegenwart Gottes von seinem Licht überstrahlt. Unglaublich? Ja!

Deshalb erscheinen Mose und Elia in dieser Szene. Lange Zeit hat man sie in der Exegese als Repräsentanten von Gesetz und Prophetie angesehen. Auf jeden Fall stellen sie klar, daß die Begegnung mit der Macht des Heiligen im Licht einer bestimmten Heilsgeschichte geschieht. Was in allen Formen christlicher Gotteserfahrung abläuft, ist durch die Geschichte Israels und die Geschichte der Kirche, durch die biblische Überlieferung des alten und neuen Bundes geprägt. Diese Tradition ist sicher reichhaltiger und abgründiger, als das kirchliche Bewußtsein im Augenblick wahrzunehmen vermag. Frömmigkeitsmuster, Erfahrungsmöglichkeiten, Lebensformen gehören dazu, die einem bürgerlichen Christentum exotisch vorkommen mögen. Gerade durch die Begegnung mit anderen Konfessionen und fremden Religionen kann man entdecken, wie unausgeschöpft und unverstanden der Schatz der eigenen Überlieferung ist. Aber im Gottesdienst der Gemeinde ist die Gottesbegegnung an jene Geschichte gebunden, die durch bestimmte Gestalten repräsentiert wird.

Auf diese Weise ist auch die Stimme des Heiligen auszuhalten: »Dies ist mein lieber Sohn, an dem ich Wohlgefallen habe; auf den sollt ihr hören!« Es ist der durchlichtete Christus, von dem das gesagt wird. In der Mitte der Gotteserfahrung steht ein Mensch, der von göttlichem Glanz überflutet wird. Das Heilige begegnet persönlich. Und nur dort, wo Seine Stimme zu hören ist, kann Gottesdienst sein. Reform des Gottesdienstes kann deshalb nur heißen:

Diese Stimme auch in der Gegenwart zu Gehör bringen. Um das gegenüber dem mittelalterlichen Meßwesen durchzusetzen, haben die Reformatoren die Bedeutung der Predigt neu entdeckt. In der Gegenwart dürfte die Aufgabe eher darin bestehen, die kirchliche Redseligkeit zu stoppen, die die biblischen Texte andauernd kommentieren und verteidigen will. Vielleicht ist es heute viel notwendiger, die Kunst des Lesens zu üben und die alttestamentlichen, epistolischen und evangelischen Perikopen so zur Sprache zu bringen, daß sie wieder zu Herzen gehen.

Am Ende der Gotteserfahrung steht ein Schweigegebot: »Und als sie vom Berge herab gingen, gebot ihnen Jesus: Ihr sollt niemand von dieser Erscheinung sagen, bis der Menschensohn von den Toten auferstanden ist.« Man darf die neutestamentlichen Redeverbote nicht zu rationalistisch interpretieren. Als ob es den urchristlichen Gemeinden um den Ausgleich zwischen historischer Erinnerung und kerygmatischer Verherrlichung Jesu gegangen wäre. Wenn seine Anhänger immer zum Schweigen gerufen werden, dann aufgrund einer elementaren religiösen Einsicht. Über Erfahrungen mit dem Heiligen plaudert man nicht. Was in der Gottesbegegnung geschieht, können Außenstehende gar nicht wahrnehmen. Was die Stimme Jesu Christi zu verkündigen hat, ist nicht für alle Ohren bestimmt. Und von den Geheimnissen des Himmelreichs im rechten Augenblick zu reden weiß nur, wer bei vielen Gelegenheiten auch zu schweigen versteht. Erst dann, wenn Er mit den Seinen auferstanden ist, erst wenn Gott alles in allem sein wird, wird es nur diese Erscheinung des göttlichen Lichtes geben. Erst dann auch wird das Lob Gottes unaufhörlich gesungen werden und die Stimme des Heiligen ohne Störungen zu vernehmen sein. Bis dahin wird es den Augen-Blick der Erhebung geben, über den man in der Öffentlichkeit nicht zu reden hat. Erst recht kann man in der Kirche mit religiöser Erfahrung nicht werben.

Petrus hat Hütten gebaut. Was ist zu tun, wenn die Menschen dort nicht mehr einkehren mögen? Auf den ersten Blick kann es scheinen, als sei dann die Verständigung mit den Zeitgenossen verlorengegangen. Alle Aktivitäten seitens der Kirche zielen dann darauf ab, den alten Einfluß auf deren Denken und Verhalten zurückzugewinnen. Aber das entscheidende Kommunikationsproblem für die Religion liegt nicht in der Horizontalen. Kommunikation unter Menschen kann man mit allen möglichen Methoden erreichen, durch Rhetorik und Therapie, durch Managementtraining und Werbekampagnen. Lebendig, verständlich redend und Verständigung stiftend ist die Kirche aber nur dann, wenn sie im Kontakt mit der Macht des Heiligen steht. Erst von jener Erleuchtung her, die ihr im Hüttenbereich widerfährt, wird sie fähig, klärend und erhellend in die Alltagswelt einzuwirken, ohne gesetzlich zu reden oder unverbindlich zu sein. Erst wenn die Macht des Heiligen ihr begegnet ist, kann sie sich zutrauen, in das Leben und Leiden der Zeitgenossen mit Vollmacht einzugreifen.

DER FRIEDE

Wenn ihr aber in ein Haus geht,
so entbietet ihm den Friedensgruß,
und wenn ihn das Haus verdient,
soll euer Friede auf sie kommen.
Verdient es ihn aber nicht,
so soll sich euer Friede wieder zu euch wenden.
Und wenn euch jemand nicht aufnehmen
noch eure Rede hören wird,
so geht aus diesem Hause oder aus dieser Stadt heraus
und schüttelt den Staub von euren Füßen.

Matthäus 10, 12–13

Der Friede Gottes, der den Jüngern Jesu Christi anvertraut ist, und das Pluralismus-Konzept, mit dem die Volkskirche heute ihre Schwierigkeiten zu bewältigen hofft, das sind zwei Welten, die sich nicht mehr miteinander vereinbaren lassen.

I.

Petrus und die anderen Jünger müssen den Berg der Verklärung wieder verlassen. Die Augenblicke der Gottesbegegnung sind in dieser Zeit noch begrenzt. Der Sohn Gottes, auf den sie zu hören haben, schickt sie zu den Menschen in ihrer Umgebung. Matthäus hat Anweisungen und Empfehlungen, die teilweise auf Jesus selber zurückgehen dürften, in der Aussendungsrede zusammengestellt. Der erste, der in der Jüngerliste genannt wird, ist Petrus (10,2). Das entscheidende Stichwort, das die inhaltliche Überschrift abgibt, ist: »Macht« (10,1).

Was Petrus und die anderen Jünger ihren Zeitgenossen zu bringen haben, ist zunächst nur ein einziges Wort, das beim Grüßen erklingt: Schalom, Friede. Dieses Wort ist im Mund der Jünger freilich geladen. Es schenkt nämlich das, was es sagt. Der Friede Gottes breitet sich aus, wenn die Jünger ihn wünschen. Ihr Gruß ist, im Jargon der modernen Linguistik, ein performativer Sprechakt. Wenn die Handlung des Grüßens vollzogen wird, stellt sich der Inhalt des Grüßens ein. Es ist also gar nicht notwendig anzunehmen, hier sei »nicht der alltägliche semitische Gruß ›Schalom‹ gemeint, sondern ein besonderer Segensgruß, der ein Stück dingliche Präsenz von Gottes Heil über das Haus verbreitet und auch wieder zurückgezogen werden kann«.[1] Die Macht, die den Jüngern verheißen ist, ist nicht an ein besonderes Vokabular gebunden. Indem sie das Alltagsritual der Begrüßung vollziehen, breiten sie etwas aus, was den Angeredeten zugute kommen kann.

Was ist mit diesem Frieden, der den Jüngern anvertraut ist, gemeint? Sicher geht es hier nicht einfach um die psychische Konstellation eines Seelenfriedens, in dem die in-

154

neren Spannungen abklingen und eine Haltung der Gelassenheit um sich greift. Erst recht wird es sich hier nicht um einen sozialen Zustand handeln, in dem die gesellschaftlichen Konflikte sofort beseitigt sind und eine umfassende Harmonie einkehrt. Überhaupt werden im Zusammenhang der Aussendungsrede alle Harmonie-Phantasien prinzipiell zerstört, denn gegen Ende des Textes proklamiert Jesus mit unübertrefflicher Härte: »Ihr sollt nicht meinen, daß ich gekommen bin, Frieden auf die Erde zu bringen. Ich bin nicht gekommen, Frieden zu bringen, sondern das Schwert« (10,34). Der Friede, der aus dem Mund der Jünger ergeht, schließt auf jeden Fall Trennungen ein: »Denn ich bin gekommen, den Menschen mit seinem Vater zu entzweien und die Tochter mit ihrer Mutter und die Schwiegertochter mit ihrer Schwiegermutter. Und des Menschen eigene Hausgenossen werden seine Feinde sein« (10,35 f.).

Damit sind wir auf eine Polarität gestoßen, die das ganze Kapitel durchzieht. In allen Aussagen, die die Sendung der Jünger betreffen, geht es um die Spannung zwischen Friede und Schwert, zwischen Bindung und Abschied, zwischen Heilen und Trennen. Der Friede Gottes, der über die Menschen kommt, ist kein sozialer Kitt und kein psychologischer Kitsch, sondern eine Macht, die das Leben verändert. Auf der einen Seite werden Heilungen möglich: »Macht Kranke gesund, weckt Tote auf, macht Aussätzige rein, treibt böse Geister aus« (10,8). Auf der anderen Seite sind aber auch Trennungen unvermeidlich: »Wer Vater oder Mutter mehr liebt als mich, der ist meiner nicht wert; und wer Sohn oder Tochter mehr liebt als mich, der ist meiner nicht wert« (10,37). Die Jünger selbst können der Macht dieses Friedens nur dienen, wenn sie zu den anderen Mächten des Lebens Distanz einnehmen.

Deshalb gibt es für sie harte Anweisungen zum Verzicht auf Geld und Besitz: »Ihr sollt weder Gold noch Silber noch Kupfer in euren Gürteln haben, auch keine Reisetasche, auch nicht zwei Hemden, keine Schuhe, auch keinen Wanderstock« (10,9f.). Deshalb dürfen sie auf keinen Fall mit Menschengunst rechnen und auf Menschenfreundlichkeit bauen: »Hütet euch aber vor den Menschen; denn sie werden euch den Gerichten übergeben und werden euch in ihren Synagogen auspeitschen. Und man wird euch vor Statthalter und Könige führen um meinetwillen, zu einem Zeugnis vor ihnen und den Heiden« (10,17f.). Deshalb schließlich gibt es für sie nur einen Gegenstand ihrer Furcht: »Und fürchtet euch nicht vor denen, die den Leib töten, doch die Seele nicht töten können; fürchtet euch aber vielmehr vor dem, der Leib und Seele in der Hölle verderben kann« (10,28).

Dieser Friede ist hart. Er widerspricht allen Wünschen nach Ausgleich und Kompromiß. Im Machtfeld des Heiligen gibt es keine falsche Versöhnung. Allein der Wille zum Leben weist den Menschen, richtig eingestellt, den Weg: »Wer sein Leben findet, der wird's verlieren; und wer sein Leben verliert um meinetwillen, der wird's finden« (10,39). Die Kraft zu Trennung und Heilung liegt im Vertrauen: »Kauft man nicht zwei Sperlinge für einen Groschen? Dennoch fällt keiner von ihnen auf die Erde, ohne daß euer Vater es will. Nun aber sind auch eure Haare auf dem Haupte alle gezählt. Darum fürchtet euch nicht; ihr seid besser als viele Sperlinge« (10,29f.). In der Situation der Bedrängnis wird der Geist Gottes das Wort ergreifen: »Wenn sie euch nun ausliefern werden, so sorgt nicht, wie oder was ihr reden sollt; denn es soll euch in dieser Stunde eingegeben werden, was ihr reden sollt. Denn nicht ihr seid es, die dann reden, sondern der Geist eures Vaters ist es, der durch euch redet« (10,19 f.). Der Ausgleich irdischer Ablehnung wird sich im endzeitlichen Gericht ergeben: »Und ihr werdet von allen gehaßt werden um meines Namens willen. Wer aber bis ans Ende ausharrt, der wird gerettet werden« (10,22).

Der Friede Gottes, den die Jünger verbreiten, zeigt darin seine Macht, daß er Konflikte auslöst und überstehen hilft. Das gilt für die Jünger selber, das gilt aber auch für die, die die Boten Jesu besuchen: »Und wenn euch jemand nicht aufnehmen noch eure Reden hören wird, so geht aus diesem Hause oder aus dieser Stadt heraus und schüttelt den Staub von euren Füßen« (10,14). Die Friedensbotschaft bietet eine unvergleichliche Chance. Wer darauf unsachgemäß reagiert, wer also Heilung ohne Trennung, Heil ohne Verzicht haben will, verliert den Frieden, und der geht auch selber verloren: »Wahrlich, ich sage euch: Dem Land der Sodomer und Gomorrer wird es am Tage des Gerichts erträglicher ergehen als dieser Stadt« (10,15). Die Jünger sind nicht zur Betreuung, sondern zur Rettung der Menschen gesandt. Wenn sie nicht willkommen sind, müssen sie den Staub der Stadt von den Füßen schütteln. Für U. Luz ist diese Symbolhandlung »kein Entlastungssymbol, keine Verfluchung und auch keine Gerichtsankündigung, sondern ein Gerichtsvollzug: Indem der Gottesfriede zu den Boten zurückkehrt und diese die Gemeinschaft abbrechen, liegt das Haus oder die Stadt außerhalb der Heilssphäre des Gottesfriedens. An der Begegnung mit Jesu Jüngern entscheidet sich endgültig Heil oder Unheil.«[2]

Man wird aber hinzufügen müssen: Diese Handlung dient auch dem Schutz der Jünger; denn dadurch reinigen sie sich von allen Elementen, die sie mit der Sphäre der Verlorenen weiterhin verbinden könnten. Den Frieden, der Heil und Heilungen schenkt, nehmen sie mit. Den

Staub, der zum Verderben gehört und ins Verderben führt, müssen sie hinter sich lassen.

II.

Petrus und die Seinen leben heute in einer anderen Welt. Die Gemeinde, die sie aufgebaut haben, ist auch ein Großbetrieb, der viele Menschen beschäftigt, der Ländereien und Vermögen verwaltet. Alle Mitarbeiter/innen dieser Institution besitzen, mindestens in Mitteleuropa, weit mehr als das extrem niedrige Existenzminimum, das ihnen in der Aussendungsrede zugestanden wird. Familienkonflikte, Ehescheidungen gibt es zuhauf; aber sie finden in der Regel nicht aus Gründen des Glaubens statt. Auf der anderen Seite passieren Dämonenaustreibungen und wunderbare Heilungen nur ausnahmsweise und dann an den Rändern der Kirche. Und Familienbande werden bedroht nur dann, wenn junge Menschen in die Fänge von sogenannten Jugendsekten geraten. Die Balance von Trennung und Heilung ist zusammengebrochen. Die Besitzverhältnisse, die Vollmachtserfahrungen haben sich grundlegend verändert. Und auch die Segensmacht des Friedens, der den Jüngern anvertraut ist, hat sich in entscheidenden Punkten gewandelt, ist vielleicht sogar, trotz aller kirchlichen Aktivitäten, verlorengegangen.

»Christsein gestalten – Eine Studie zum Weg der Kirche«, im Auftrag des Rates des EKD herausgegeben, rechnet mit anderen Faktoren und empfiehlt andere Methoden. Ganz sachgemäß wird dort die Schwierigkeit wiedergegeben, vor der moderne Menschen stehen, wenn sie ihrem

Glauben lebenspraktisch entsprechen wollen. Sie müssen dann nämlich zwei Voraussetzungen miteinander kombinieren, die in einer erheblichen Spannung zueinander stehen: Auf der einen Seite »die biblischen Kriterien für das Christsein: ›Nachfolge Christi‹, ›Glaube als totale Selbstübereignung an Christus‹, lebendige Gliedschaft am Leibe Christi, der Gemeinschaft der Gläubigen/Getauften«; auf der anderen Seite »das neuzeitliche Freiheitsbewußtsein: Emanzipation des Individuums und Rückgang der Traditionslenkung, Differenzierung der Lebenswelten und Vielfalt von Rollenmustern«.[3] Und ganz realitätsgerecht wird auch festgestellt, daß sich seit dem Urchristentum und der Reformation eine »Vielfalt der Formen und Ausdrucksweisen des Glaubens« entwickelt hat, die die Verabsolutierung eines einzigen Frömmigkeitstyps grundsätzlich ausschließt; deshalb gibt es »keinen Weg aus dieser Vielfalt zurück in eine bergende Einheit«.[4] Sicher ist deshalb auch die Warnung vor einer Verabsolutierung der eigenen Überzeugungen in mancher Hinsicht berechtigt: »Wenn aber keiner über die Wahrheit verfügt, ist damit zu rechnen, daß jeder nur ein Stück von ihr vertritt. Es geht dann nicht so sehr um Bestreitung von Unwahrheit als um das Zusammentragen der Stücke, der particulae veri, um die Versöhnung von Wahrheitselementen, wie sie unterschiedliche Menschen in verschiedenen Lebenszusammenhängen entdecken und vertreten. Auch die Fragen des Glaubens werden dann zu einer Verständigungsaufgabe. Die Vermittlung des Evangeliums vollzieht sich als ›Kommunikation‹ in Gegenseitigkeit.«[5]

Aber was hier zur Befriedung kircheninterner Streitigkeiten gesagt wird, was kirchliche Gruppen von gegenseitiger Verketzerung abhalten soll, verliert seine Berechtigung und verrät seine strategische Absicht, wenn es an einer zentralen Stelle heißt: »Wie eine Volkspartei muß auch eine Volkskirche ein breites Spektrum umspannen und diese Spannung aushalten. ... Der Vorzug eines ›Binnenpluralismus‹ besteht ... darin, daß er einen Druck zur Einigung erzeugt. Die vorgegebene Einheit muß festgehalten und immer neu gewonnen werden.«[6] Nicht die Einheit des Leibes Christi steht hier zur Debatte, wie der Kontext mit dem Hinweis auf die Volksparteien eindeutig zeigt, nicht die Gemeinde der Heiligen soll hier vor destruktiven Spaltungstendenzen bewahrt werden. Es geht um die Volkskirche, um eine bürokratisch strukturierte Organisation, die von Verfahrensregeln und Verwaltungstechniken, von finanziellen Austauschprozessen und Computerdateien zusammengehalten wird, die sich durch die Entwicklung des religiösen Traditionsabbruchs in der Gesellschaft bedroht fühlt und die hier Einheit als ihr eigenes Programm der Selbsterhaltung proklamiert. Eine Institution, die sich durch Austrittsbewegungen immer wieder gefährdet sieht, kann gar nicht anders: Sie muß Versöhnung beschwören und Trennungen wie die Pest zu vermeiden suchen. Sie greift dabei auf Stichworte und Konzepte zurück, die diese Strategie scheinbar stützen. Nur eine genauere Analyse deckt auf, wie der Sinn der überlieferten Begriffe interessegeleitet verschoben wird.

Eindeutig ist dieser Versuch, theologische Begrifflichkeit für die eigenen Zwecke zu instrumentalisieren und also ideologisch zu manipulieren, beim Verständnis von Freiheit. Theologisch korrekt wird zunächst die Rechtfertigungslehre zitiert: »Es ist allein Gottes Werk, den Sünder durch das Wort des Evangeliums und die Gabe des Glaubens von der Sünde und vom Gesetz zu befreien.«[7] Aber hinsichtlich der Gestaltung dieses Glaubens wird der Christ in ein kirchliches Warenhaus versetzt; er hat eine

»Auswahl unter vorgegebenen Werten, Identitäts- und Rollenmustern« zu treffen. »Ernsthaftes Christsein oder entschiedene Nachfolge sind zwar unaufgebbare Leitvorstellungen. Aber sie können weder überprüft noch auf bestimmte Ausgestaltungen festgelegt werden.«[8] Das neutestamentliche und reformatorische Freiheitsverständnis wird hier mißbraucht, weil sich die Freiheit des Glaubens in der Tat nicht mit einem bestimmten Bild von christlicher Lebensgestaltung identifizieren läßt. Aber selbstverständlich gehört auch heute zu dieser Freiheit eine bestimmte Struktur. Die Befreiung zur Heilsmacht des Glaubens schließt immer die Trennung von den Mächten des Unheils ein. Und diesen für die Rechtfertigungslehre konstitutiven Aspekt unterschlägt die kirchliche Studie andauernd.

Eine ähnliche Akzentverschiebung, die mehr als ein Mißverständnis enthält, sondern eine Tendenz an den Tag bringt, gibt es auch in sozialwissenschaftlicher Hinsicht. Das Dokument beruft sich zur Abgrenzung gegen autoritäre Haltungen in der Kirche auf die Unterscheidung der drei Erziehungsstile, wie sie K. Lewin im Rahmen seiner sozialpsychologischen Forschung entwickelt hat, und charakterisiert sie folgendermaßen: »Antiautoritäre bzw. emanzipatorische Erziehungsabsichten wurden teils mit durchaus autoritären Mitteln verwirklicht, teils durch bewußten Verzicht auf jegliche Lenkung (›laissez-faire‹), teils durch respekt- und verständnisvolle, auf Lage und Bedürfnis des Kindes orientierte Begleitung (sozial-integrativ-demokratisch). Allein die zuletzt beschriebene Erziehungshaltung kann auch als Modell für die Haltung dienen, aus welcher in unserer Situation effektive Hilfe zur Gestaltung des Christseins erwachsen kann.«[9] Daß der Originaltext im letzten Satz zwei Druckfehler enthält, ist nur sachgemäß;

denn auch in sachlicher Hinsicht ist er falsch. Bei dieser Wiedergabe wird nämlich der entscheidende Unterschied zwischen den beiden letztgenannten Erziehungsstilen verwischt. Begleitung, die mehr ist als Bedürfnisbefriedigung, schließt von seiten der Autorität immer auch Zumutungen, Impulse, Anstöße ein, die dann gewiß nicht diktatorisch oder verabsolutiert formuliert werden, aber doch profiliert und nachdrücklich eingebracht werden müssen.[10] Eine Erziehungspraxis, die Konflikte mit Kindern und Jugendlichen vermeidet, die ihnen Entscheidungen zu ersparen versucht und Direktiven verweigert, bleibt den entscheidenden Beitrag zur Lebensorientierung schuldig. Auch Erziehung kann nur helfen, wenn sie im Blick auf gegebene Umstände manchmal zu Trennungen animiert.

Weil sie Volkskirche auch um den Preis eines faulen Friedens konservieren will, muß die Studie ihre pluralistische Neutralität preisgeben und jene Störenfriede benennen, die christliche Freiheit nicht im Sonderangebot auf den Markt tragen wollen. In denkwürdiger Verzeichnung der »Studien zum autoritären Charakter«[11] werden zwei Gruppen in der Kirche diskreditiert, die auch in der Volkskirche daran festhalten wollen, daß die Befreiung zum Glauben eine Absage an den Unglauben einschließt. »Menschen sollen auf einen genau fixierten Standpunkt gezogen oder gedrängt werden, die Freiheit zur Reserve wird ihnen tendenziell verwehrt und als Ausweichen vor der Entscheidung, Lauheit oder Indifferenz diffamiert. Dies trifft ebenso auf verschiedene Spielarten erwecklicher Aktivitäten wie auf gesellschaftsdiakonisch-politisch ausgerichtete Leitvorstellungen von der Kirche als Avantgarde, Vorhut oder Stoßtrupp für eine gerechtere und friedlichere Welt zu.«[12] Pietistisch fundierte und politisch engagierte Gruppen in der Kirche sind dadurch charakterisiert, daß sie die Unverbindlichkeit der Glaubenshaltung und die Beliebigkeit von Lebensgestaltung in der Volkskirche in Frage stellen. Sie halten, in unterschiedlichen Sachzusammenhängen, strikt daran fest, daß der Friede Gottes mit pluralistisch begründeter Friedlichkeit nicht zu verwechseln ist. Wer sich zur Macht Gottes bekennt, muß sich vom Vertrauen auf die Mächte der Welt verabschieden.

Diese Studie, die die Volkskirche erhalten will, kann schon deswegen keine eindeutigen Worte wagen, weil sie blind bleibt gegenüber den Mächten, die die Volkskirche selber zerstören. Die Volkskirche als gesellschaftliche Realität ist ja mehr als respektabel. Sie hat in den Krisensituationen der letzten Jahre, in der Friedensbewegung und in der Umweltdiskussion, immer wieder Gruppen hervorgebracht und beherbergt, die gegen alle amtskirchliche Beschwichtigungspolitik deutliche Warnungen und klare Bekenntnissätze in die Öffentlichkeit getragen haben. Nicht diese volkskirchliche Wirklichkeit ist kritisch zu kommentieren, sondern eine Ideologie, die nicht wahrnimmt, daß auch die Volkskirche nur um des Leibes Christi willen ihr Daseinsrecht hat und daß dieses Daseinsrecht von ganz bestimmter Seite bedroht ist. Was an Phänomenen für nachlassende Traditionslenkung in der EKD-Studie aufgezählt wird, verdankt sich ja nicht einem blinden Schicksal oder einem anonymen Geschichtsprozeß, sondern jenen Mächten des Mammonismus, die das Alltagsleben der Menschen zunehmend beherrschen. Austrittswellen werden erkennbar durch Steuererhöhungen ausgelöst – Menschen verlassen die Kirche aus ökonomischen Gründen. Christliche Erziehung, kirchliche Jugendarbeit werden von Grund auf erschwert, weil eine Freizeitindustrie attraktive Alternativen bietet, ohne daß die Versprechungen eines glücklichen Lebens je eingelöst werden können. Ein Wertewandel findet statt, in dem Menschen füreinander immer mehr Warencharakter gewinnen und zu Konsumartikeln werden. Hilfserwartungen steigen, weil die Zahl der Opfer eines gesellschaftlichen Systems zunimmt, das Wachstum verspricht und Verderben bringt. Und natürlich braucht diese Gesellschaft auch eine Kirche, die keine Entscheidungen und keine Trennungen abverlangt, die keine ernsthaften Alternativen anbietet, die Armut diakonisch betreut und religiöse Feierlichkeiten liefert. Mit ihrer Studie »Christsein gestalten« hat die Evangelische Kirche in Deutschland gezeigt, wohin die Gemeinde Jesu Christi gelangt, wenn sie der Macht der Gesellschaft verfällt.

III.

Der Friede Gottes, der den Jüngern Jesu Christi anvertraut ist, und das Pluralismus-Konzept, mit dem die Volkskirche heute ihre Schwierigkeiten zu bewältigen hofft, das sind zwei Welten, die sich nicht mehr miteinander vereinbaren lassen. Entweder vertraut man auf die klärende, erhellende, heilende Macht Gottes und geht dann auch das Risiko von Trennungen ein. Oder man praktiziert die kirchenpolitische Kunst der Integration und bemüht alle kommunikativen Chancen zu Kompromiß und Verständigung. Verbindlichkeit oder Verbundenheit – das ist in den kirchlichen Auseinandersetzungen bis heute eine zentrale und auch wohl unausweichliche Alternative.

Natürlich muß sich der kirchliche Pluralismus vor der Härte der biblischen Aussagen legitimieren. Zwei Einsichten der neutestamentlichen Wissenschaft haben die Di-

stanznahme erleichtert. Auf der einen Seite hat man entdeckt, daß die Verkündigung der frühen Christen ganz
wesentlich durch die sogenannte Naherwartung geprägt
war, durch die Einstellung nämlich, daß das Reich Gottes
in allernächster Zeit hereinbrechen werde. In diesem Rahmen hat man auch die harten Vorwürfe, die in der Aussendungsrede laut werden, als Ausdruck einer Interims-
ethik interpretiert. Wer den Einbruch der Gottesherrschaft
vor Augen hat und also in einer Zwischenzeit lebt, der kann
alles verlassen und auf alles verzichten, der kann radikal
und entschlossen ein alternatives Dasein beginnen.

Zu dieser historischen Relativierung der neutestamentlichen Radikalismen ist in jüngster Zeit eine soziologische
Eingrenzung gekommen. Insbesondere G. Theißen hat mit
guten Gründen dargelegt, daß die Anweisungen der Aussendungsrede gar nicht die christlichen Gemeinden als
ganze betroffen haben, sondern einen Kreis von sogenannten Wanderradikalen, von Charismatikern also, die in der
Nachfolge Jesu Heimat, Besitz und Familie verlassen haben und durch die Lande gezogen sind, um das bevorste-
hende Ende der Welt anzusagen und die Menschen zur
Umkehr zu rufen. »Der ethische Radikalismus der synopti-
schen Tradition war Wanderradikalismus, der sich nur unter extremen und marginalen Lebensbedingungen praktizieren ließ. Nur wer aus den alltäglichen Bedingungen der
Welt entlassen war, wer Haus und Hof, Frau und Kinder
verlassen hatte, wer die Toten begraben ließ und die Lilien
und Vögel zum Vorbild nahm, konnte dies Ethos glaubwürdig praktizieren und tradieren.«[13]

Man wird beide Feststellungen zur Eschatologie und zur
Soziologie der urchristlichen Verkündigung nicht generell
bestreiten können. Man wird aber mit Nachdruck darauf
hinweisen müssen, daß in der Härte dieser Verkündigung

nicht nur zeitbedingte Momente am Werk gewesen sind. Frieden gibt es nicht ohne Verzicht, Heilung nicht ohne Trennung. In der Radikalität der urchristlichen Verkündigung wird für den Glauben entdeckt, was für den menschlichen Umgang mit den Mächten des Lebens insgesamt wichtig ist und was im religiösen Zusammenhang eine ungeheure, manchmal sogar unerträgliche Zuspitzung erfährt.

Menschliches Leben vollzieht sich als permanenter Trennungsprozeß. Jedes Individuum erfährt den traumatischen Schock der Geburt, die schwierige Abnabelung von Mutter und Vater im Laufe der Jahre, den schmerzhaften Abschied von Freunden und Räumen. Wer sich für einen bestimmten Beruf oder einen bestimmten Menschen entscheidet, schließt damit mindestens für eine längere Zeit andere Möglichkeiten der Lebensgestaltung aus. Manchmal ist die irreversible Entfernung einzelner Glieder oder Organe des eigenen Körpers die einzige Möglichkeit, das Leben zu retten. Bis in die alltäglichen Ausscheidungsprozeduren hinein gilt das Gesetz, daß man sich von Giften reinigen, von schädlichen Stoffen befreien, von gefährlichen Mächten trennen muß.[14]

Nichts anderes praktiziert die Religion, wenn sie in der ihr eigentümlichen Radikalität zur Umkehr ruft und Frieden verheißt. Die Zuwendung zu Gott schließt deshalb immer die Abwendung von den Götzen ein. Wer sein Leben mit Hilfe des Heiligen gewinnen will, muß es erst einmal verlieren. Deshalb geschieht in der Taufe, wie die alte Dogmatik behauptet, ein doppelter Schritt: mortificatio und vivificatio, Totmachung und Lebensgeschenk. Und im alten Taufritual sprechen Eltern und Paten nicht nur das Glaubensbekenntnis, sondern auch die Absage an das Böse. Die Agende der VELKD von 1964 hatte diesen Doppelschritt in zwei Fassungen noch enthalten: »Entsagest du dem Satan und all seinem Werk und Wesen«, wurde zunächst gefragt, und nach der positiven Antwort hieß es dann weiter: »Glaubst du an Gott den Vater, den Allmächtigen, Schöpfer Himmels und der Erde?«[15] Im neuen Entwurf von 1988 sind diese harten Sätze gefallen.[16] Dafür sind Symbolelemente wie Kreuzzeichen und Taufkerze eingeführt, die den Christusbezug des Geschehens ebenfalls verdeutlichen sollen, die aber in keiner Weise erkennen lassen, daß mit Christus sterben muß, wer mit ihm leben will.

Das ist konsequent für eine Kirchlichkeit, die Angst vor dem eigenen Aussterben hat und deshalb alles verstecken muß, was auch nur von ferne an den Ernst des Glaubens erinnert. Alle reden von Umkehr – nur wir nicht. Als ob Trennen und Teilen, Verzicht und Askese, Absage an den Mammondienst archaische Vokabeln aus dem finstersten Mittelalter wären. Die Kirche braucht sich ja gar nicht in den gesellschaftlichen Streit darüber einzumischen, ob und wie die Bewahrung der Schöpfung und die Rettung der Erde im Zeitalter der Lebensgefahr noch gelingen kann. Sie sollte nur das beherzigen, was ihr für den eigenen Bereich aufgetragen ist. Gewiß ist der Glaube an keine Bedingung gebunden, aber er schließt ebenso gewiß handfeste Konsequenzen ein. Gewiß kann man christliches Leben heute nicht mehr nach einem Einheitsbild führen. Aber ebenso gewiß enthält dieses Leben in jedem Fall die Doppelstruktur von Trennung und Heilung, von Verzicht und Friede, von Absage und Neubeginn. Natürlich gehört zum Glauben ein Vertrauensgewinn, der auch anderen Menschen und dem Blick in die Zukunft zugute kommt. Aber selbstverständlich wird man im Glauben nicht naiv und vertrauensselig, sondern lernt gegenüber Menschen und Mächten auf nicht neurotische Weise nüchtern und miß-

167

trauisch zu werden. Der Friede Gottes ist höher als alle Vernunft (Philipper 4,7), weil er aus sozialen, ideologischen und ökonomischen Abhängigkeiten befreit. Der Glaube gewinnt Anteil an der Macht Gottes, weil er in sich die Fähigkeit zur Absage an alle anderen Mächte enthält.

Petrus kann heute dem Frieden Gottes nicht unbedingt dadurch dienen, daß er, wie einst, Beruf und Familie einfach hinter sich läßt. Die Macht Gottes, die er unter die Menschen zu tragen hat, will Gestalt gewinnen in ökumenischer Dimension. Wie umfassend eine Kirche zu wirken hat, die nicht nur mit ihren Selbsterhaltungsängsten beschäftigt ist, zeigt ein Text, der die Ergebnisse der weltweiten Diskussion zum konziliaren Prozeß zusammenzufassen versucht:

»**Umkehr zu Gott** (Metanoia) bedeutet heute die Verpflichtung, einen Weg zu suchen
– aus den trennenden Unterschieden zwischen Armen und Reichen, zwischen Mächtigen und Machtlosen,
– aus Strukturen, die Hunger, Entbehrung und Tod verursachen,
– aus der Arbeitslosigkeit von Millionen von Menschen,
– aus einer Welt, in der Menschenrechte verletzt und Menschen gefoltert und isoliert werden,
– aus einer Lebensweise, in der moralische und ethische Werte unterhöhlt, wenn nicht sogar verworfen werden,
in eine Gesellschaft, in der die Menschen gleiche Rechte besitzen und in Solidarität miteinander leben.

Umkehr zu Gott (Metanoia) bedeutet heute die Verpflichtung, einen Weg zu suchen
– aus den ausgrenzenden Trennungen, die durch rassische, ethnische und kulturelle Diskriminierung gefördert werden,

– aus der Mißachtung und der Marginalisierung der Zwei-Drittel-Welt,
– aus dem Erbe des Antisemitismus in unseren Gesellschaften und Kirchen und dessen tragischen Konsequenzen
in eine Vielfalt der Kulturen, Traditionen und Völker in Europa.

Umkehr zu Gott (Metanoia) bedeutet heute die Verpflichtung, einen Weg zu suchen
– aus den Trennungen zwischen Männern und Frauen in Kirche und Gesellschaft,
– aus der Abwertung und dem Unverständnis für die unverzichtbaren Beiträge der Frauen,
– aus den ideologisch fixierten Rollen und Stereotypen für Männer und Frauen,
– aus der Weigerung, die den Frauen geschenkten Gaben für das Leben und für die Entscheidungsprozesse der Kirche anzuerkennen,
in eine erneuerte Gemeinschaft von Männern und Frauen in Kirche und Gesellschaft, in der Frauen auf allen Ebenen einen gleichen Teil der Verantwortung tragen wie die Männer und in der sie ihre Gaben, Einsichten, Werte und Erfahrungen frei einbringen können.

Umkehr zu Gott (Metanoia) bedeutet heute die Verpflichtung, einen Weg zu suchen
– aus Krieg und Ideologien, die das Göttliche in jedem Menschen mißachten,
– aus der Vergötzung der konkreten Strukturen der Gewalt wie des Militarismus,
– aus den destruktiven Folgen der für die Rüstung heute ausgegebenen Riesensummen,

– aus einer Situation, in der der Einsatz des Militärs oder die Drohung, es einzusetzen, notwendig erscheint, um die Menschenrechte zu bewahren oder durchzusetzen,
in eine Gesellschaft, in der Friedensstiftung und die friedliche Lösung von Konflikten unterstützt werden, und in eine Gemeinschaft von Völkern, die solidarisch zum Wohl der anderen beitragen.

Umkehr zu Gott (Metanoia) bedeutet heute die Verpflichtung, einen Weg zu suchen
– aus der Trennung zwischen dem Menschen und der übrigen Schöpfung,
– aus der Herrschaft des Menschen über die Natur,
– aus einem Lebensstil und aus wirtschaftlichen Produktionsweisen, die die Natur schwer schädigen,
– aus einem Individualismus, der die Integrität der Schöpfung zugunsten privater Interessen verletzt,
in eine Gemeinschaft der Menschen mit allen Kreaturen, in der deren Rechte und Integrität geachtet werden.

Umkehr zu Gott (Metanoia) bedeutet heute die Verpflichtung, einen Weg zu suchen
– aus der Trennung, in der die Kirchen immer noch leben,
– aus dem Mißtrauen und der Feindseligkeit in ihrem Umgang miteinander,
– aus der Last der lähmenden Erinnerungen an die Vergangenheit,
– aus der Intoleranz und der Weigerung, die Religionsfreiheit anzuerkennen,
in eine Gemeinschaft, die sich bewußt ist, daß sie der ständigen Vergebung und Erneuerung bedarf, und die Gott für seine Liebe und für seine Gaben gemeinsam lobt und preist.«[17]

DER HAHN

> **Und sogleich krähte der Hahn.**
> *Matthäus 26,74*

Petrus scheitert mit dem Versuch der Anbiederung. Alle Anpassungsstrategien werden durchschaut. Petrus wird durch die anderen, die Außenstehenden (!) ermahnt, sich selber und seinem Meister treu zu bleiben.

I.

Petrus, der Fischer, der Fels, der den Frieden Gottes unter die Völker tragen sollte, bleibt ein schwacher, ängstlicher, feiger Mann. Als sein Meister verraten und verhaftet ist, bestreitet er, Jesus gekannt zu haben, trotz aller Treueschwüre, die er kurz vorher noch abgelegt hatte. Die Szene von der Verleugnung des Petrus gehört insofern zur Symbolik der verdammten Macht in der Kirche, weil sie eindringlich darstellt, daß religiöse Macht niemals persönliche Macht werden kann.

Für W. Grundmann ist diese Erzählung deshalb »keine Gemeindebildung, da diese eine solche Belastung des führenden Apostels ohne Grund nicht gebildet hätte... Die Überlieferung tut kund, daß die Gemeinde um die Schuld auch ihrer führenden Männer wußte und sich als die verstand, in der jeder einzelne aus der Vergebung seiner Schuld lebt. Deshalb hat sie das Versagen des Petrus nicht verschwiegen«.[1] Angesichts der Machtkämpfe, die in der Urchristenheit getobt haben dürften[2], wird man aber nicht grundsätzlich ausschließen können, daß sich hier eine antipetrinische Partei zu Wort meldet. Freilich reicht die Aussagekraft des Berichts weit über mögliche historische Konflikte in der Urgemeinde hinaus.

Das Machtfeld, auf dem die Verleugnung durch Petrus passiert, ist durch drei Faktoren bestimmt. Auf der einen Seite steht das Wort Jesu, der das treulose Verhalten des Jüngers vorhergesagt hat: »In dieser Nacht, ehe der Hahn kräht, wirst du mich dreimal verleugnen« (Matthäus 26,34). Petrus hat in jenem Augenblick sich noch für sehr stark gehalten: »Und wenn ich mit dir sterben müßte, will ich dich doch nicht verleugnen« (Matthäus 26,35). Auf der

172

anderen Seite hat der Apostel erlebt, wie die große Koalition zwischen Obrigkeit und Volk Jesus wegen erwiesener Gotteslästerung zum Tode verurteilt hat. Die Weissagungskraft, die der Meister vorher bewiesen hatte, wurde während des Prozesses brutal verspottet: »Da spuckten sie ihm ins Gesicht und schlugen ihn mit Fäusten. Einige aber schlugen ihm ins Gesicht und sagten: Weissage uns, Christus, wer ist's, der dich geschlagen hat« (Matthäus 26,67 f.). Als dann die kleinen Leute auftauchten, Mägde und Diener, die wie Petrus den Prozeß vor dem Hohen Rat verfolgt haben, hat er das Wort Jesu, aber auch sein Versprechen vergessen. »Und sogleich krähte der Hahn.«

Warum hat der Felsenmann so rasch kapituliert? Historisch scheint Petrus ein anpassungswilliger Mensch ohne viel Rückgrat gewesen zu sein; jedenfalls wirft Paulus ihm Ängstlichkeit und Wankelmütigkeit vor (Galater 2,12). Wenn man die Verleugnungs-Szene psychologisch ausmalen möchte, wird man an die Enttäuschung denken dürfen, die ihn in diesem Augenblick erfüllt haben mag. Er hatte Jesu wegen Beruf und Familie verlassen, und nun stand nicht das Reich Gottes vor der Tür, nun war Jesus selbst zum Tode verurteilt, und seine Anhänger konnten leicht dasselbe Schicksal erleiden. Eine gehörige Portion Angst vor der Gewalttätigkeit, die im Richterspruch, aber auch im Verhalten der Menge zu erkennen war, mag ebenfalls eine Rolle gespielt haben.[3] Wenn er in dieser ausweglosen Situation davonkommen wollte, mußte er innerlich und äußerlich alle Verbindungen zu dem gescheiterten Jesus zerschneiden.

Dem Wort des Heiligen kann niemand entgehen. Was Jesus über Petrus vorhergesagt hat, ist Fatum. Selbst die Verleugnung ist noch ein Beweis für die Macht seines Meisters. Aber auch durch sein eigenes Wort ist Petrus unwiderruflich fixiert. »Und wenn ich mit dir sterben müßte, will ich dich doch nicht verleugnen.« Die körperliche Beschädigung hat Petrus durch sein Verhalten vermieden. Aber seine moralische Qualität, ja sein personales Existenzrecht hat er im Verlauf der Szene verloren. Erst tut er so, als ob er die Anfrage der anderen nicht verstünde. Dann schwört er, daß er diesen Menschen niemals gekannt habe. Schließlich bekräftigt er diesen Satz mit dem gefährlichen Akt einer Selbstverfluchung. »Und sogleich krähte der Hahn.«

Es gehört zum abgründigen Hintersinn der Verleugnungsgeschichte, daß kein frommes Signal den Felsenmann zur Besinnung bringt. Im Konflikt zwischen der Macht des Heiligen und der Gewalt der Herrschenden wird eine Tierstimme laut. Kein Gebet. Kein Glockengeläut. Kein starkes Gewitter. Ein Hahn tut, was er zu dieser Tageszeit immer macht, er kräht. Und weckt den Petrus aus der Ohnmacht seiner Angst und seiner Vergeßlichkeit. Der kann nun weinen, über seine Feigheit, über das Ende seiner Träume, vielleicht sogar über den drohenden Tod seines Meisters.

II.

Der Hahn ist auf den Kirchturm geflogen. Früheste Erwähnungen finden sich in der Literatur des 9. Jahrhunderts; älteste Beispiele sind aus dem 11. Jahrhundert erhalten. Von dieser Höhe herab animiert das Tier die Christ/innen zum Bekenntnis. »Der Turm-H. stellt den Mahner und Rufer dar, der vor Anbruch des Tages die säumigen Christen rechtzeitig zum Gebet ruft u. zur Einkehr mahnt.«[4]

Die Gemeinde, die der Menschenfischer gefangen hat, hat diese Mahnung immer nötig gehabt; denn das angsterfüllte Versagen in kritischen Situationen ist nicht nur das persönliche Problem des Petrus gewesen. Als Apostel war ihm, neben anderen, die Überlieferung der Worte und Taten Jesu anvertraut. Und mit dieser Aufgabe war er in die gefährliche Nähe zu einer anderen Gestalt aus dem Kreis der Jünger gerückt. K. Barth hat auf diesen denkwürdigen Sachverhalt hingewiesen. »Es wird ja kein bloßer sprachlicher Zufall sein, daß eben dieser Begriff der ›Überlieferung‹…, der, auf die Tat des Judas angewendet, diese rein negative Bedeutung hat, anderwärts ganz positiv zur Bezeichnung und Beschreibung des apostolischen Dienstes verwendet wird, sofern diese darin besteht, die Kunde von Jesus, den Bericht über seine Worte und Taten, seinen Tod und seine Auferstehung, das Wissen um den in ihm offenbarten Willen Gottes hinsichtlich der Existenz und Ordnung der Kirche aus den ersten menschlichen Händen, die das Alles ursprünglich empfangen hatten, getreulich und vollständig, unverändert und unvermindert in zweite Hände von Anderen und Späteren, die es ursprünglich nicht empfangen hatten, weiterzugeben.«[5] Ja die Überlieferungskette, in der Judas und Petrus stehen, reicht noch weiter zurück: »Bevor Judas Jesus überlieferte, hat Gott Jesus und Jesus sich selbst überliefert. Bevor Jesus Gegenstand der apostolischen Überlieferung wurde, hat ihn Gott, hat er sich selbst überliefert. Bevor Gottes Zorn Heiden und Juden überlieferte, preisgab und sich selbst überließ, hat er seines eigenen Sohnes nicht verschont, sondern hat ihn für uns alle überliefert (Röm. 8,32). Es gründet offenbar die Notwendigkeit, die Kraft und der Sinn aller Über-

175

lieferung in dieser ersten, radikalen, in welcher Gott in der Person Jesu oder Jesus als der Sohn Gottes sich selbst zum Gegenstand der Überlieferung macht.«[6]

Der Hahn auf dem Kirchturm erinnert daran, daß kirchliche Tradition, die hier weitergegeben wird, immer in der Spannung zwischen Verrat und Bekenntnis, Verleugnung und Verkündigung steht. Dabei ist die Entscheidung in der Geschichte der Kirche häufig mit der Behauptung des Petrus verbunden gewesen: »Ich kenne den Menschen nicht« (26,72). In der Urszene bestreitet der Jünger damit jeden persönlichen Kontakt zum gefangenen und gefolterten Meister. In der Kirchengeschichte ist bis heute umstritten, was das Bekenntnis zu diesem Jesus an Aussagen zu enthalten hat.

»Ich kenne den Menschen nicht« – das ist in der Alten Kirche das Bekenntnis des Doketismus gewesen. Die Heiligkeit, die Göttlichkeit Jesu Christi wird dann so betont, daß seine Menschlichkeit unwichtig wird. »Der Doketismus hat mehrere Formen: entweder leugnet er Christi wahre Menschlichkeit völlig mit Hilfe der Theorie von einem Scheinleib, oder er wählt bestimmte Aspekte aus Jesu Erdenleben als annehmbare Fakten aus, während die weiteren Berichte des Evangeliums übergangen werden. Der bereits im Neuen Testament bekämpfte Gnostiker Kerinth, der in Kleinasien auftrat, verfocht z. B. die Ansicht, Christus habe den irdischen Jesus vor dem Kreuzestod verlassen. Man hielt es nämlich für unvereinbar mit der Göttlichkeit Christi, daß er gelitten haben und gestorben sein sollte. Eine andere doketische Theorie (Basilides) geht davon aus, daß eine Verwechselung erfolgte, so daß Simon von Cyrene an Christi Statt gekreuzigt wurde, wodurch Jesus dem Kreuzestod entgangen sei.«[7] Die Kirchenväter haben demgegenüber vehement darauf insistiert, daß das Heil für die

176

Menschheit im Geschick Jesu Christi nur geschehen sein könne, wenn Jesus selbst auch wahrer Mensch gewesen sei.

»Ich kenne den Menschen nicht« – gerade in unserem Jahrhundert ist dieser Satz auch in einer Variante vertreten worden: »Ich kenne den Juden nicht.« Eine Theologie, die Jahrhunderte lang die Menschlichkeit Jesu abstrakt bestimmt hatte, ohne Bezug auf seine Verwurzelung im jüdischen Volk, war hilflos gegen die völkische, antisemitische Überfremdung. Erst in jüngster Zeit gibt es Versuche, darüber nachzudenken, was es bedeutet, daß »ein Jude unser Herr sei«. »So sehr unser Verhältnis zum jüdischen Volk darin gründet, daß es das Volk ist, aus dem Jesus stammt, lebt umgekehrt dessen Weltbedeutung, wesentlich und nicht beiläufig, davon, daß er Sohn dieses Volkes, Moment von dessen Geschichte, Mitgesegneter seines Segens, Mitberufener seiner Berufung ist. Exklusiv wirkt Jesus an uns: darin, daß er unsere Beziehung zu Gott notwendig zu einer Beziehung auch zum jüdischen Volk in seiner Geschichte macht. Inklusiv erfahren wir die ewige Bedeutung Jesu aus der ewigen Bedeutung seines Volkes.«[8]

Natürlich wird der Streit um die Menschlichkeit Jesu nicht nur im Dogma und in der Dogmatik ausgefochten. In allen kritischen Situationen des Glaubens geht es um die Frage, was und wieviel die Christ/innen von ihm kennen und wissen wollen. Wir kennen seine Bergpredigt nicht – haben manche Bischöfe im Streit mit der Friedensbewegung behauptet. Wir kennen das Flüchtlingskind nicht – werden viele Familien zu Weihnachten sagen, wenn sie die Asylantengeschichte der Flucht nach Ägypten hören. Wir kennen seine Seligpreisung der Armen nicht – stellen die Reichen zu ihrer Verteidigung fest. Wir können nicht billigen, wie er mit Huren und Zöllnern umgegangen ist, erklären christliche Moralapostel. Wir haben ihn nicht erkannt, als wir mit Hungrigen und Durstigen, mit Unbehausten und Unbekleideten, mit Kranken und Gefangenen zu tun bekamen, werden viele im Endgericht zu ihrer Entschuldigung sagen (Matthäus 25,44 ff.). Die Kunst des Lebens besteht darin, Ihn vor dem Hahnenschrei zu erkennen und zu bekennen. Und versagen werden Christ/innen immer dann, wenn sie in kritischen Situationen Ihn nicht wahrhaben wollen.

In der Moderne freilich hat die Abwendung von Ihm noch eine andere Form angenommen. »Dies ist mein lieber Sohn, an dem ich Wohlgefallen habe; auf den sollt ihr hören!« (Matthäus 17,5). Das wurde den drei Jüngern auf dem Berg der Verklärung offenbart, und dort haben sie diesen Menschen auch in durchlichteter Gestalt schauen dürfen. Seitdem ist es für Petrus unmöglich, Jesus als einen Mann wie jeden anderen auch zu betrachten. Und wenn in der Gegenwart häufig zu hören ist, wir kennten Ihn nur als Menschen, nur als historischen Jesus, nur sein Leben, Leiden und Sterben, dann enthält auch das eine beträchtliche Distanzierung gegenüber der Christus-Wirklichkeit, die in diesem Menschen präsent ist, eine Verkürzung seiner Person, eine Leugnung seiner Geschichte, die in Gottes Ewigkeit begonnen hat und in Gottes Ewigkeit fortgesetzt wird.

Wir kennen ihn nur als Menschen – eine solche Parole, die sein eigentümliches Anderssein bestreitet, führt, wie die Geschichte der Leben-Jesu-Forschung gezeigt hat, zu einem auffälligen, aber auch konsequenten Ergebnis. Jesus, der Mensch, der ohne die Strahlkraft seiner göttlichen Fülle betrachtet wird, gerät in den Zirkel projektiver Idealisierung. Er wird zur idealen Figur, zum Repräsentanten aller möglichen Werte, Normen und Größenphantasien. Und faktisch zeigt das jeweilige Jesus-Bild immer den idealen Doppelgänger dessen, der es entwirft. Jesus, der Kinderfreund, der aufgeklärte Lehrer einer Vernunftreligion, der germanische Heiland, der militante Kritiker einer korrupten Frömmigkeit. Mit seiner radikalen, existenzbezogenen Botschaft ruft er Menschen in die Entscheidung. In sozialdiakonischer Fürsorglichkeit geht er den Randgruppen nach. Durch die gelungene Integration seiner Weiblichkeitsanteile ist er der vollkommene Mann. Jesus, das Vorbild an spiritueller Potenz, und Jesus, der Rebell im Interesse der Armen, Jesus, Darsteller einer wahrhaft humanen Gesinnung, und Jesus, der Endzeitprophet des nahen Untergangs. Mag sein, daß alle diese Aspekte einen Teil seiner personalen Realität treffen. Aber indem diese Teilaspekte verabsolutiert und zur Erfüllung der eigenen Idealbilder benutzt werden, wird die Wirklichkeit dieser Machtgestalt durch diejenigen vergewaltigt, die ihm zu dienen meinen und doch nur die Projektionsleinwand der eigenen Wünsche und Sehnsüchte suchen.[9]

»Ich kenne den Menschen nicht« – Petrus kapituliert vor der Macht der Obrigkeit, vor der zudringlichen Nachfrage der kleinen Leute. Das ist die Methode der Verleugnung, die sich von Ihm explizit distanziert. Es gibt aber auch das andere Verfahren, sich der Macht dieser Gestalt zu entledigen, die Vereinnahmung, die Vergewaltigung. Wir kennen diesen Menschen, er ist wie wir, ja er ist besser als wir. Der Hahn kräht, um uns an Ihn, an seine Menschlichkeit und seine Göttlichkeit, zu erinnern.

III.

Petrus will überleben. Und leugnet deshalb seine Beziehung zu Ihm. Nur nicht auffallen, ist die Parole in gefährlichen Zeiten. Man muß sich anpassen, man muß sich tarnen, wenn man als Anhänger Jesu durchkommen will. Eine durch und durch menschliche Strategie, in die Unauffälligkeit abzutauchen. Leider oder erfreulicherweise bleibt sie vergeblich. »Deine Sprache verrät dich« (Matthäus 26,73).

Petrus spricht in Jerusalem einen galiläischen Dialekt; dadurch ist er als Fremder und Anhänger Jesu erkennbar. Dieser simple Sachverhalt enthält freilich eine fast tückische Tiefenschicht. Indem Petrus seine Zugehörigkeit zu Jesus bestreitet, indem er schlicht und einfach spricht, verrät er – auch sich selbst. Ganz gegen seine Absicht bekundet er etwas, was er verbergen will. Die Art und der Klang seiner Worte dementieren das, was sie inhaltlich sagen. Petrus ist, indem er Jesus verleugnet, ein gebrochener Mann, und die anderen entdecken das sofort.

Petrus wirkt unglaubwürdig, wenn er behauptet, nicht anders zu sein als die anderen. Er kann dem Zeitgeist in konservativen oder progressiven Formen huldigen. Er kann Rotarier werden. Er kann bei den Pennern landen. Er kann sich, seine Sprache, seine Kleidung, sein Verhalten so oder so stilisieren. Er kann das Schicksalswort Jesu, das über sein Leben gesprochen ist, schlicht und einfach vergessen. Aber er wird die Macht, die ihn ergriffen hat, nicht mehr los. Etwas ist in ihm, etwas taucht aus ihm auf, etwas verrät ihn.

Spätestens seit Dietrich Bonhoeffer gilt es unter Christen als chic, möglichst weltlich zu sein. Geistliches Verhalten kann man nur als frommes Gehabe karikieren. Sakrale Phänomene, die sich auch in der säkularisierten Gesellschaft noch finden, werden funktionalisiert, so daß etwa Gotteshäuser im Protestantismus nur zum liturgischen Gebrauch offenstehen. Die religiöse Sprache, die Menschen u. a. auf Sündenbewußtsein und Jenseitshoffnung festlegt, soll zugunsten einer religionslosen Kommunikation des Evangeliums überwunden werden. In der Lebensgestaltung folgt man den zeitgenössischen Zielen von Genußfreude und Konsumlust, die allenfalls durch ein gewisses Engagement in politischer und diakonischer Hinsicht bzw. durch private finanzielle Engpässe relativiert werden. Christ/innen haben entdeckt, daß es angenehm und ganz einfach ist, weltlich zu leben.

Bei Bonhoeffer selbst wird keine Propaganda für einen christlichen Hedonismus gemacht. Weltliche Existenz ist für ihn ein Frömmigkeitstraining, weil man »erst in der vollen Diesseitigkeit des Lebens glauben lernt. Wenn man völlig darauf verzichtet hat, aus sich selbst etwas zu machen – sei es einen Heiligen oder einen bekehrten Sünder oder einen Kirchenmann (eine sogenannte priesterliche Gestalt!), einen Gerechten oder Ungerechten, einen Kranken oder einen Gesunden – und das nenne ich Diesseitigkeit, nämlich in der Fülle der Aufgaben, Fragen, Erfolge und Mißerfolge, Erfahrungen und Ratlosigkeiten leben –, dann wirft man sich Gott ganz in die Arme, dann nimmt man nicht mehr die eigenen Leiden, sondern das Leiden Gottes in der Welt ernst, dann wacht man mit Christus in Gethsemane, und ich denke, das ist Glaube, das ist ›Metanoia‹; und so wird man ein Mensch, ein Christ«.[10] Die Weltlichkeit, zu der Christen berufen sind, ist deshalb auch kein Anpassungsvorgang, sondern ein abenteuerlicher Entdeckungsprozeß. »Nicht ein homo religiosus, sondern ein

Mensch schlechthin ist der Christ, wie Jesus – im Unterschied wohl zu Johannes dem Täufer – Mensch war. Nicht die platte und banale Diesseitigkeit der Aufgeklärten, der Betriebsamen, der Bequemen und Lasziven, sondern die tiefe Diesseitigkeit, die voller Zucht ist, und in der die Erkenntnis des Todes und der Auferstehung immer gegenwärtig ist, meine ich.«[11]

Deshalb werden die Glaubenden, trotz ihrer Tarnungsversuche, immer erkennbar bleiben. »Deine Sprache verrät dich!« Das gilt besonders für den Umgang mit der Religionskritik, die heute unvermeidlich zur Ausbildung der Theologiestudent/innen gehört. Durch die Beschäftigung mit historischen, soziologischen und psychologischen Fragen, wie die modernen Wissenschaften sie entwickelt haben, kann das Gottesbewußtsein junger Menschen durchaus erschüttert werden, übrigens meist sehr viel weniger dramatisch, als das verbreitete Angstphantasien vermuten lassen.[12] Für Männer und Frauen, die in der Gegenwart das Amt der Schlüssel wahrnehmen wollen, ist die Beschäftigung mit diesen Fragen deswegen notwendig, weil sich dadurch wesentliche Verständnishilfen für den Glauben ergeben.

Jede wissenschaftliche Beschäftigung mit der christlichen Überlieferung und dem christlichen Leben ist, theologisch gesprochen, antidoketisch. Immer ist die Menschlichkeit von Offenbarung und Gotteserfahrung vorausgesetzt. Weil der Gottessohn ein Mensch gewesen ist, weil sich die Heilsgeschichte in der Weltgeschichte ereignet, weil die Kirche als Gemeinde von Menschen erbaut wird, ist die wissenschaftliche Betrachtung all dieser Phänomene nicht nur möglich, sondern auch notwendig. Wir kennen Ihn als einen Menschen und respektieren Ihn, indem wir sein Bild kritisch, kirchen- und selbstkritisch, zu ermitteln suchen. Um der Offenbarung willen müssen wir dafür sorgen, daß das Evangelium nicht mit den Ängsten und Zwängen, die in der menschlichen Psyche hausen, verwechselt wird. Und ebenso ist darauf zu achten, daß die Gemeinde Gottes nicht von den Interessen gesellschaftlicher Gruppen und politischer Mächte vereinnahmt wird.

Historische, psychologische, soziologische Religionskritik kann dazu helfen, in den Konflikten des Lebens zwischen der Macht Gottes und den Ansprüchen anderer Autoritäten zu unterscheiden. Natürlich kann auch die Religionskritik zu einer Macht über Menschen werden. »Gott ist tot!« – verkündigt dann Petrus, um im Vorhof der modernen Alltagsvernunft bestehen zu können. Oder er unternimmt den subtilen Versuch, mit Hilfe von Psychologie oder Soziologie den Sinn und die Notwendigkeit der Rede von Gott zu beweisen.

»Deine Sprache verrät dich.« Petrus scheitert mit dem Versuch der Anbiederung. Alle Anpassungsstrategien werden durchschaut. Petrus wird durch die anderen, die Außenstehenden (!) ermahnt, sich selber und seinem Meister treu zu bleiben. Eindeutig soll er werden, im Denken, im Reden, im Handeln. Die Faszination durch die Einsichten der Religionskritik wird er irgendwann überwinden. Die Freude an den Genüssen des Lebens wird er nicht aufgeben, aber in Grenzen halten. Die Angst vor denen, die ihn bei seinem Glauben behaften, wird sich lockern und lösen. Wie kann dieses Wunder geschehen?

»Und sogleich krähte der Hahn. Da dachte Petrus an das Wort, das Jesus zu ihm gesagt hatte: Ehe der Hahn kräht, wirst du mich dreimal verleugnen. Und er ging hinaus und weinte bitterlich« (26,75). Petrus erlebt einen merkwürdigen Augenblick der Bekehrung. Am Palast des Hohenpriesters, unter Leuten, die ihn zur Rede stellen, wird eine Tierstimme laut. Und Petrus erinnert sich. Er versteht sich selbst in seiner Verlorenheit. Er findet zurück. Erneuerung vollzieht sich hier durch die Kombination von drei Elementen: ein Hahnenschrei, eine Erinnerung, ein Ausbruch von Tränen. Wer diese Szene auf sich einwirken läßt, kann auf einmal verstehen, wie ungewöhnlich die Wege sind, die die Macht Gottes mit Menschen zu gehen vermag. Zur Erweckung bedarf es nicht immer frommer Worte. Die Wende findet nicht immer unter dramatischen Umständen statt.

DER WEIN

Diese sind nicht etwa betrunken, wie ihr meint,
es ist doch erst die dritte Stunde am Tage;
sondern hier geschieht,
was durch den Propheten Joel gesagt worden ist.

Apostelgeschichte 2, 15 – 16

Der Umgang mit der Macht des Heiligen will und muß
methodisch erfolgen,
sonst passiert in der Kirche entweder gar nichts,
oder man muß mit pseudoreligiösen Mitteln eine Lebendigkeit schaffen,
die auf ihre Art den süßen Wein von Unterhaltung und
Ablenkung ausschenkt.

I.

Petrus, der Menschenfischer, zur Verbreitung von Gottes Frieden in Dörfer, Städte und Länder gesandt, erlebt nach Tod und Auferstehung Jesu eine gewaltige Demonstration jener Macht, die sein Wirken begleiten und tragen wird. Der Geist des Heiligen greift nach den Menschen. Und weil dabei unerwartete, ja unglaubliche Dinge geschehen, reagieren die mehr oder weniger Betroffenen mit unterschiedlichen Formen der Abwehr, mit Entsetzen, mit zynischen Kommentaren, mit theologischer Apologie.

In der Pfingstgeschichte stellt Lukas dar, was Menschen widerfährt, die in den Strahlkreis der Macht Gottes geraten. Es sind zwei Urelemente, die dann, jüdischen, aber auch griechischen Traditionen gemäß, die Anwesenden überfallen und in Bewegung versetzen. Die Luft im Raum wird von einem gewaltigen Brausen erfüllt. Feuerflammen züngeln in die Menschen hinein und versetzen sie in einen Sprachrausch. Von oben, von außen dringt etwas ein, was Verwirrung stiftet, weil es Grenzen verrückt und Ordnungen aufhebt. Unter dem Ein-Fluß von Feuer und Luft geraten sie außer sich und entdecken, daß sie ausländisch reden können. Die Macht Gottes erweist ihre entgrenzende Kraft ausgerechnet in jenem Bereich, in dem Menschen gesellschaftlich und psychologisch stark kontrolliert sind.

Überhaupt wird das Wirken des Geistes im frühen Christentum als gewaltige Macht erfahren, die Menschen ergreift und außergewöhnliche Erlebnisse wie Fähigkeiten vermittelt. Die urchristlichen Gottesdienste waren nach allem, was die überlieferten Texte verraten, soziale Situationen einer vielschichtigen Polyphonie. Menschen- und Engelzungen erklangen, Apostel, Propheten und Lehrer kamen zu Wort, männliche und weibliche Stimmen waren zu hören, konfessorische Akklamationen, Sätze heiligen Rechts, heilige Schriften, apostolische Briefe, Textauslegungen wurden laut. Verzückte lallten, Ergriffene sangen, Gebets- und Segensakte leiteten Wunderheilungen ein – der Geist Gottes manifestierte sich in einem Stimmengewirr und war begleitet von Erfahrungen der Geistesverwirrung. Traditionen aus dem synagogalen Gottesdient, aber auch Elemente der Mysterienkulte mischten sich nach den Bedürfnissen und Interessen, nach den Wünschen und Ängsten der jeweils Anwesenden, nach dem aktuellen Diktat des in ihnen wirksamen Geistes.

»Sie sind voll von süßem Wein« (Apostelgeschichte 2,13). Das ist der zynische Kommentar zur religiösen Erfahrung aus der Perspektive des Alltagsbewußtseins. Was sich dem Geist Gottes verdankt, kann dann nur als Wirkung von Weingeist verstanden werden. Das Außergewöhnliche wird im Erfahrungshorizont des Banalen interpretiert. Das Heilige wird durch empirische Analyse psychologisch oder soziologisch oder auch medizinisch depotenziert. Menschen, die der Geist Gottes ergriffen hat, sind dann entweder verrückt oder besoffen.

Petrus, besorgt um den Ruf der Gemeinde, will Verdacht und Verleumdung aus der Welt schaffen. Drei Strategien der Verteidigung läßt die Rede, die Lukas überliefert, erkennen. Zunächst appelliert der Apostel an die Alltagserfahrung der anderen: »Es ist doch erst die dritte Stunde am Tage« – so früh greifen doch nur Alkoholkranke zur Flasche. In positiver Hinsicht führt er die Heilsgeschichte ins Feld: Was hier geschieht, entspricht den Verheißungen der Prophetie über die endzeitliche Gabe des Geistes. Und schließlich bietet er eine breite, ausführliche Rede, die, wie M. Dibelius dargelegt hat, dem Predigttyp der Zeit um 90 n. Chr. entspricht. Auf die situationsbezogene Einleitung folgt das »Kerygma von Jesu Leben, Leiden und Auferstehen..., meist unter Betonung der Zeugenschaft der Jünger...; daran schließt sich ein Schriftbeweis... und eine Bußmahnung« an.[1]

Der Geist, der Wein, die Rede – Petrus stellt in dieser Urszene der Kirchengeschichte die Weichen. Der Geist Gottes darf auf keinen Fall mit dem Weingeist verwechselt werden. Die Ergriffenheit durch die Macht Gottes darf nicht zur Besessenheit oder zur Süchtigkeit entarten. Die Erfahrung des Heiligen muß vor dem Forum der Alltagsvernunft bestehen können. Das ist die Grundangst, die die Großkirchen durch die Zeiten begleiten wird. Wir sind keine Schwärmer und keine Enthusiasten. Wir sind nicht besoffen oder verrückt. Alles, was wir erleben, sagen und tun, verträgt sich mit den Gesetzen der Alltagserfahrung.

Freilich, was in dieser Urszene noch zusammen erscheint, die Geistergriffenheit und die Wortmächtigkeit, das kann im Lauf der Kirchengeschichte auch auseinanderfallen. Dann wird nur noch, immer wieder und unaufhörlich, geredet. Aber die elementaren Bewegungen, die Luft und Feuer des Heiligen Geistes in Menschen auszulösen vermögen, bleiben dann aus. Ja es könnte eine tief verborgene Logik des kirchlichen Handelns geben, eine Abwehrstrategie ganz eigener Art, die darauf abzielt, durch theologisch korrektes Reden das Wirken des Geistes zu hindern. In der Urszene ergreift Petrus das Wort, um die Ergriffenheit der Menschen gegen Fehlinterpretationen zu schützen. In der Geschichte der Petrus-Gemeinde wurde an vielen Stellen versucht, mit Hilfe des Wortes die Wirkungen des Geistes in Schranken zu weisen.

II.

Petrus hat 2000 Jahre lang behauptet, daß er für die kirchliche Arbeit auf jeden Fall den Heiligen Geist benötigt. Und gerade in der Gegenwart ist innerhalb der protestantischen Theologie die Einsicht gewachsen, daß die Pneumatologie für die Praxis der Kirche schlechterdings konstitutive Bedeutung hat. So sagt J. Moltmann über die »Kirche in der Kraft des Geistes«: »Der Heilige Geist ist das göttliche Subjekt der Geschichte Jesu. Darum ist der Sohn Gottes auch im Geist und durch den Geist in seiner Kirche gegenwärtig und darüber hinaus in der Schöpfung am Werk. Die pneumatologische Christologie führt zu einer charismatischen Ekklesiologie. Daran ist richtig und festzuhalten, daß die Erfahrung des Glaubens mit der Geschichte Christi und die Vollendung seiner Geschichte Werk des Heiligen Geistes ist. Insofern ist der articulus de Spiritu Sancto der articulus stantis et cadentis ecclesiae.«[2] Mit dem Wirken des Heiligen Geistes steht und fällt das Wesen der Kirche. Entsprechend proklamiert R. Bohren zur Begründung seiner pneumatologisch fundierten »Predigtlehre«: »Nur eine neue Ankunft des Geistes wird unsere Sprachlosigkeit überwinden – und schon ist der Geist in der Welt intensiver am Werk als wir ahnen. So gilt beides in einem, den Geist in der Zukunft zu erwarten und in der Gegenwart zu entdecken.«[3]

Die zitierten Bücher sind vor ca. 20 Jahren erschienen und seit damals, mit Recht, viel gelesen und eifrig diskutiert worden. Sie haben dazu beigetragen, daß sich der Ruf nach einer neuen pneumatologischen Orientierung in den Kirchen Mitteleuropas verbreitet hat. Andere Autoren haben das Thema weitergeführt. Ökumenische Einsichten

189

haben die Probleme vertieft. Charismatische Gruppen am Rand haben sich neuen Erfahrungen ausgesetzt. Insgesamt freilich hat sich das kirchliche Klima an diesem Punkt kaum verändert. Über den Geist wird geredet – sein stürmisches und feuriges Walten dagegen wird kaum erfahren. Niemand wird heutzutage gegenüber dem moderaten Protestantismus in Mitteleuropa den Verdacht formulieren: »Sie sind voll von süßem Wein.«

Die Differenz zwischen Theorie und Praxis, zwischen Lehre vom Geist und Leben im Geist, ist deshalb besonders groß, weil die Theorie im Umfeld des Heiligen immer ambivalenten Charakter hat. Auf der einen Seite soll die Gottes-Lehre der Gottes-Wirklichkeit dienen. Auf der anderen Seite ist sie aber auch immer ein menschlicher Abwehrversuch, Widerstand in Gestalt von Rationalisierung, der verhindern soll, was er vorgeblich anstrebt: die Realisierung von Gottes Macht in der Gegenwart. Über den himmlischen Vater oder den irdischen Sohn kann man lang diskutieren – das sind Glaubensgegenstände, zu denen ein Abstand gegeben ist und die man deshalb von sich fernhalten kann. Auch über den Heiligen Geist kann man mehr oder weniger kluge Gespräche führen. Aber die Gefahr, daß in diesem Themenfeld die eigene Person betroffen, ja überwältigt wird, ist sehr viel größer. Und entsprechend groß das Bemühen, auch hier Abstand zu wahren.

Was in der Sprache der Theologie Heiliger Geist heißt, ist in der Wirklichkeit des gelebten Lebens heilige Macht. Macht, die in das Leben von Individuen und Gruppen unverhofft eingreift. Macht, die Menschen aus ihrem bisherigen Dasein herausreißt und ihnen neue Existenzmöglichkeiten eröffnet. Macht, die die Selbstverständlichkeiten der Alltagserfahrung in Frage stellt und neue Wirklichkeitsdimensionen erschließt. Macht, die unwiderstehlich wirkt,

190

die Entsetzen auslöst, die Grenzen der verschiedensten Art überwindet, Befreiung schenkt und intensive Formen der Gottesbegegnung vermittelt. In der Überwältigung durch den Heiligen Geist verlieren Menschen sich selbst, um Gott und dann auch sich selber neu finden zu können. Rausch, Trance und Ekstase, Ergriffenheit und Besessenheit, Visionen und Auditionen, Zungenreden und Wunderheilungen sind deshalb Phänomene, die im Wirkungsfeld dieser Macht immer wieder beobachtet werden.

Weil es beim Heiligen Geist um die Macht des Heiligen über das eigene Leben geht, ist dieser Bereich für den Glauben so angstbesetzt und tabuerfüllt. »Diese sind nicht betrunken« – Petrus will den guten Ruf der Christen vor den Zeitgenossen verteidigen. Bis heute ist das ein wichtiges Ziel kirchlicher Imagepflege. Auch Christen sind aufgeklärt und modern und vertreten keineswegs ein archaisches Weltbild. Sie fliehen nicht aus der Welt in den Traum von einem himmlischen Jenseits, sondern beteiligen sich voller Tatkraft und Verantwortung an der Gestaltung des politischen Lebens. Zum Glauben gehört die Vernunft, die die Gesetze von Wirtschaft und Wissenschaft, von Ökonomie und Militärstrategie respektiert. Unheimlich modern, unglaublich diesseitsorientiert, unheilbar rationalistisch sind viele Christen.

Aber es ist sicher nicht nur die Angst vor den anderen, die sich in dieser Anpassungsbereitschaft artikuliert. Es gibt auch eine ungeheure Angst vor dem Neuen, die die Geschichte der Kirche von Anfang an prägt. Petrus hat schon früh dafür gesorgt, daß sein Werk möglichst unverändert erhalten bleibt. Mit der Einrichtung des kirchlichen Amtes und der Einführung des biblischen Kanons wurden Grenzen abgesteckt, innerhalb derer der Geist des Heiligen sich zu Wort melden mußte. Für den Bestand der Institution und die Kontinuität der Tradition werden das weise Entscheidungen gewesen sein. Durch die Verteufelung neuer Offenbarungen und die Verketzerung neuer Propheten konnte die Kirche ihr spezifisches Profil durch die Zeiten bewahren, auch wenn Kanonizität und Hierarchie die Ausbildung von Konfessionen und die Entwicklung unterschiedlicher Interpretationen des Glaubens nicht verhindern konnten. Entscheidend in unserem Zusammenhang ist nur die Einsicht, welchen machtvollen Damm die Kirche selbst gegenüber dem Geist errichtet hat, indem sie ihn durch Amt und Kanon kanalisiert hat.

In der Begegnung mit der Macht des Heiligen hat Petrus Angst vor den anderen, Angst vor dem Neuen, aber vor allem Angst um sich selbst. Denn die Macht des Gottes, die so beglückend zu wirken vermag, ist auch bedrohlich. »Fürchte dich nicht!« – In allen Epiphaniegeschichten der Bibel erscheint diese Formel, weil der Einbruch des Heiligen gewaltig und gewalttätig ist. So stürmisch kann diese Macht Menschen erfassen, daß es sie aus der Lebensbahn wirft. So feurig kann sie Herzen und Gewissen erfüllen, daß man im übertragenen oder wörtlichen Sinn verrückt wird. Diese Macht scheint nur tolerabel, wenn sie dosiert wird.

»Der Heilige Geist ist das Subjekt der Geschichte Jesu.«[4] Deshalb ist im Umgang mit diesem Subjekt in der Geschichte der Kirche Vorsicht geboten. Jesus, und er allein, hat das Wirken dieser Macht uneingeschränkt und unbeschadet ertragen. In seiner Gemeinde sind im Wirkungsbereich dieser Macht viele Gefahren vorhanden. Es gibt die Gefahr der Verwechslung. Der Heilige Geist kann in transrationale Erfahrungen führen; aber nicht alle Rauscherlebnisse verdanken sich seinem Einfluß. Damit hängt die Gefahr der Verwirrung zusammen. Auch andere Gei-

192

ster besetzen die Seelen von Menschen und erheben Anspruch auf Gehorsam und Glauben. Weil das so ist, ist auch für die Kirche immer die Gabe der »Unterscheidung der Geister« lebensnotwendig (1. Korinther 12,10). Schließlich gibt es auch die Gefahr der Zerstörung. Wen der Geist Gottes ergreift, der muß wie Paulus sagen können: »Nun lebe nicht mehr ich, sondern Christus lebt in mir« (Galater 2,20). Die personale Identität des Menschen wird durch Geistbesetzung bewahrt. Anders ist das in all jenen Fällen, in denen der personale Kern zerstört wird und Menschen bis heute behaupten: »Ich bin der Christus.«

III.

Pfingsten ist heute ein lahmes Fest. Der Vergleich mit Ostern und Weihnachten zeigt, wie wenig es die Menschen anzusprechen vermag. Hier gibt es keine langen Vorbereitungsphasen wie die Advents- und die Passionszeit. Keine außerchristlichen Gestalten tauchen hier auf wie der Weihnachtsmann oder der Osterhase. Naturbezogenes Brauchtum, wie es sich im Weihnachtsbaum oder in den Ostereiern präsentiert, wird in dieser Jahreszeit allenfalls noch im Mai praktiziert. Und während sich mit Weihnachten, dem Fest der Geburt, und Ostern, dem Fest von Sterben und Auferstehen, für die meisten noch einigermaßen klare Vorstellungen verbinden, bleibt Pfingsten, das Fest der Vereinigung, für viele Zeitgenossen unverständlich und inhaltsleer.

Ausgerechnet das aufregendste Fest ist für die Christen in Mitteleuropa erlebnisarm geworden. W. Hollenweger hat dafür, mit einigem Recht, unter anderem soziologische Gründe genannt. »Pfingsten ist das Fest, in dem das erfolgreiche, finanziell gesicherte Christentum zum Öffnen der verschlossenen Türen eingeladen wird. Darum auch ist das Pfingstfest für die armen Kirchen der Schwarzen kein Problem. Die Erfahrung des Heiligen Geistes ist alles, was sie haben. Und sie verwandelt eine Schule, eine Turnhalle oder eine von den Anglikanern abgekaufte alte gotische Kirche in Birmingham in einen Festsaal, wo musiziert und getanzt, gesungen und gebetet wird, daß selbst die Cherubim und Seraphim neidisch werden.«[5] Die Armen erfahren Pfingsten die Macht des Heiligen Geistes, die Reichen begehen das Fest mehr oder weniger in geistlicher Armseligkeit. Warum? Haben die einen nicht so viel Angst vor dem Geist wie die anderen? Haben sie weniger zu verlieren und mehr zu gewinnen, wenn sie sich der Machtsphäre Gottes real und praktisch auszusetzen versuchen? Kennen sie verborgene Zugänge, Wege, Methoden, um sich dem Einfluß dieser Macht anzunähern?

Für die reformatorische Theologie ist das Verhältnis zum Heiligen Geist ein Alles-oder-nichts-Spiel. »Die Spiritualisten lehren und üben Methoden zur Vorbereitung auf den Empfang des Geistes; solche Technik der Seelenbehandlung lehnt Luther ab: ›Ohn alle mein Bereiten und Zutun kommt mir Gottes Wort.‹ Es gibt nur eine rechte Bereitung: das Wort predigen, hören und lesen – dabei aber verlasse ich mich nicht auf die eigene Kraft und Aktivität, wie die Schwärmer mit ihrer Methodik, sondern setze mich allein der Geistesmacht Gottes in seinem Worte aus.«[6] Gott ist allmächtig, der Mensch vollkommen ohnmächtig. Gott muß und wird alles tun. Der Mensch kann und darf nichts tun, wenn es um den Empfang des Heiligen Geistes geht. Eine methodische Vorbereitung auf die Geisterfahrung im Sinne der Präparation, der Reinigung und der Annäherung kann es im Rahmen eines solchen Konzepts nicht geben. Die Abwehr der Magie, die Angst vor der Zaubermacht kirchlich-sakramentalen Handelns hat dazu geführt, daß die Frage nach der religiösen Methodik im Protestantismus tabuisiert worden ist. Alle Versuche, sich auf die Gottesbegegnung im Geist gezielt einzustellen, und sei es durch eine Lektüre der Bibel, die anderen als den akademisch anerkannten Methoden folgt, stehen von vornherein unter dem Verdacht der Gottesbemächtigung.

Dabei hat es in den letzten Jahrzehnten eine ausgesprochene Methoden-Schwemme in der Kirche gegeben. Einsichten aus den verschiedensten Wissenschaften haben in die pastorale Praxis Einzug gehalten. Methoden der Gesprächsführung aus Tiefenpsychologie, Gesprächspsychotherapie und Gruppendynamik haben die Seelsorge-Arbeit befruchtet. Die Didaktik und Methodik des kirchlichen Unterrichts hat an vielen Punkten von pädagogischen Erkenntnissen profitiert. Rhetorik und Kommunikationsforschung sind für Predigt und Gottesdienst neu entdeckt worden. Organisationssoziologie und Gemeinwesenarbeit haben neue Wege in den Kirchengemeinden gewiesen. Ein breites Spektrum methodischer Konzepte hat die kirchliche Praxis in ihren Handlungsmöglichkeiten gesichert und bereichert, hat die Professionalisierung der Mitarbeiter/innen gefördert und der Kommunikation unter den Gemeindegliedern gedient. Wobei das Ziel all dieser Methoden nicht, wie man es von bestimmter Seite gern kritisiert hat, darin besteht, dem Machtstreben der Akteure zum Erfolg zu verhelfen; Ziel methodisch durchdachter Arbeit ist in jedem Fall auch die Steigerung der Selbstwahrnehmung und die Einschränkung aller Bemächtigungstendenzen, die in jeder zwischenmenschlichen Begegnung aufbrechen.

Die Kirche ist, was die Methoden von Psychologie und Soziologie und Kommunikationswissenschaften betrifft, in vieler Hinsicht durchaus up to date. Für die Reflexion und Kontrolle des Kontakts zwischen Menschen hat sie gesorgt. Gleichzeitig ist sie aber auch eigentümlich hilflos, ja fast infantil. Was ihr eigentliches Arbeitsfeld angeht, den Kontakt mit dem Heiligen, ist sie methodisch unterentwickelt. Wie kann ich beten? Wie kann ich segnen? Wie kann ich vollmächtig reden? Wo kann ich das und andere Formen religiöser Praxis wirklich lernen? Und was gibt es in diesem Handlungsfeld wirklich zu lehren?

Offensichtlich genügt es nicht, auf die Ohnmacht des Menschen zu verweisen und auf die Allmacht Gottes zu vertrauen. Das Ergebnis einer solchen Einstellung ist eine Theologie, die anderen Religionen und Konfessionen andauernd magische Praktiken unterstellt, die selbst aber andauernd diesem Zerrbild verfällt, weil jetzt Menschen ohne intensive Schulung ihrer spirituellen Kräfte einfach drauflos reden, beten und segnen. Die theologische Ausbildung und die sozialwissenschaftliche Anleitung mögen noch so intensiv sein – zur kirchlichen Praxis gehört eine Handwerkslehre, die Verhaltensmuster, Methoden, ja Techniken für den Umgang mit dem Heiligen zu vermitteln vermag.

Unter der Hand wird das in der Kirche auch immer noch praktiziert. Menschen lernen ja, wie man betet. Auch wenn wir darüber vielleicht noch nicht genau genug nachgedacht haben. Menschen lernen auch, wie man einen Gottesdienst feiert. Was die Agende anbietet, ist ja ein methodisch durchdachter Weg zur Annäherung an Gott. Im Eingangsteil mit den Gesängen und Gebeten geht es um die Reinigung von den Ängsten und Zwängen des Alltags. Im Wortteil mit den Lesungen und der Predigt soll Erleuchtung durch das Evangelium Gottes erfolgen. Im Sakramentsteil schließlich wird durch Brot und Wein die Vereinigung mit Fleisch und Blut des Erlösers vollzogen. Das ist, in diesen Grundelementen, ein methodisch durchdachter Weg, der zu einem theologisch bestimmten Ziel führen soll: zur Gegenwart Gottes in seiner Gemeinde. Ein Gottesdienst kann nur gefeiert werden in dem Vertrauen, daß man durch Gottes Hilfe auf diesem Wege zum Ziel kommt. Ob man ein solches Unternehmen dann als Magie bezeichnet, darüber kann man lange streiten. Auf jeden Fall zeigt sich aber, daß jede kirchliche Praxis, soweit sie das Gottesverhältnis betrifft, nicht nur sozialwissenschaftliche, sondern auch religiöse Methoden benötigt. Methoden, die auch in diesem Bereich dafür sorgen sollen, daß menschliche Hybris Gott gegenüber nicht überhand nimmt, daß aber auch menschliche Faulheit im Umgang mit dem Heiligen die eigenen Aufgaben nicht vernachlässigt.

»Diese sind nicht etwa betrunken!« – Auch um in einen Zustand der Ergriffenheit zu geraten, gibt es Methoden, wie man aus der Religionsgeschichte[7], aber auch bei den christlichen Mystikern lernen kann. Dem im einzelnen nachzugehen ist hier nicht der Ort. Dafür möchte ich an einem Beispiel, das im Gemeindeleben relativ häufig begegnet, zu zeigen versuchen, welche Probleme eine Handwerkslehre religiöser Praxis zu klären hätte. Voraussetzung ist, daß sich Gott und Mensch in der Glaubensbeziehung zwar im Verhältnis von Allmacht und Ohnmacht gegenüberstehen, daß aber in diesem Rahmen der Mensch nicht zur Untätigkeit verdammt ist, sondern auch selber handlungsfähiges Subjekt werden kann.

Menschen können, nicht nur unter Christen, im Namen der Gottheit segnen. Sie vollziehen damit eine Verhaltenssequenz, die von der Macht des Heiligen getragen wird, die auf ganzheitlicher Konzentration beruht, die sich in ganzheitlichen Kontakten vollzieht und die ganzheitliche Heilkräfte transportiert. Das Segnen ist also, nach dem Vorschlag dieser Definition, ein ganzheitliches Geschehen, das nicht nur aus bestimmten Worten besteht, sondern bei der Vorbereitung, im Vollzug und in den Auswirkungen die Einheit von Leib, Seele und Geist umfaßt. Zur Kunst des Segnens gehört deshalb nicht nur die Interpretation der Segensformeln, wie sie die herkömmliche Theologie durch die Auslegung biblischer und liturgischer Texte unternimmt. Die Kunst des Segnens muß auch die anderen Aspekte bedenken, die in diesem Akt eine Rolle spielen, die Disposition der handelnden und empfangenden Personen, ihre körperlichen Gesten und Stellungen, die kommunikativen Kanäle und die körperlichen Rezeptionsbereiche, durch die Segenskraft vermittelt wird.

Wenn es beim Segnen um die Übertragung positiver Lebenskraft geht, dann ist dafür auf seiten aller Beteiligten zunächst eine ganzheitliche Konzentration erforderlich. Am Ende des Gottesdienstes, wo wir den Segen normalerweise erfahren, ist diese Präparation durch den liturgischen Ablauf erfolgt. Aber die Vollmacht zum Segnen ist ja keineswegs auf den Gottesdienst und die Amtsträger beschränkt. Alle Christen, ja alle Menschen können Lebenskraft weitergeben. Wenn das außerhalb eines rituellen Kontextes erfolgen soll, an einem Krankenbett etwa oder bei einem Abschied für längere Zeit, dann müssen sich die Beteiligten darauf einstellen: durch ein Gespräch, durch die Sammlung ihrer seelisch-geistigen Kräfte, durch bestimmte Formen körperlicher Annäherung.

Wichtig, wenn auch schwer zu verstehen, scheint beim Segensakt die Stellung der Hände zu sein. Auf alten Ikonen, aber auch noch auf Gemälden von Rembrandt kann man entdecken, daß die Finger der segnenden Hand spezifische Konstellationen bilden, die sich von den heute üblichen Segensgebärden erheblich unterscheiden. Wir sind geneigt, den unterschiedlichen Stellungen unterschiedliche Bedeutung zuzuschreiben, verbleiben also mit dieser Kommentierung ganz im hermeneutischen Horizont der Moderne. Sehr viel wahrscheinlicher ist, daß in den unterschiedlichen Fingerkombinationen verschiedene Machtpotentiale enthalten sind, wie man es in der bildenden und der dramatischen Kunst des Fernen Ostens studieren kann. Bei uns ist die Sensibilität für solche Nuancen einer machthaltigen Körpersprache fast vollkommen verlorengegangen.

Sehr viel zugänglicher ist das Problem der Körperhaltung für unser Bewußtsein dagegen im Blick auf die Empfangenden. Vor Trauung, Konfirmation oder Ordination wird darüber gesprochen, in welcher Haltung die Einsegnung stattfinden soll. Knien oder Stehen – das ist die bekannte Alternative. Wahrscheinlich liegt eine Verkürzung der dabei zu berücksichtigenden Gesichtspunkte vor, wenn man diese Haltungen nur als Ausdruck innerer Einstellungen betrachtet. Das Knien stellt demnach mehr die demütige Annahme, das Stehen mehr den selbstbewußt partnerschaftlichen Empfang von Segen dar. Die äußeren Stellungen bilden aber nicht nur innere Einstellungen ab. Sie gestalten immer auch eine Position im Spannungsfeld zwischen Himmel und Erde, in dem der Segensfluß kreist.

Segnen vollzieht sich als Hand-Werk. Aber so wenig man dabei die Worte von der gesamten Handlung isolieren darf, so wenig darf man nur auf die Stellung der Finger achten. Für die Übertragung von Lebenskraft gibt es, in anderen Situationen, aber auch hier, weitere Kanäle. Die wichtigsten sind der Blick und die Stimme.[8] Wir wissen wenig über die Verhaltensgesetze, die dabei wirksam sind und die sicher unbewußt auch meistens beachtet werden. Nicht jeder Augenkontakt, nicht jede Sprachartikulation der Segensformeln wird segensreich sein. Vielleicht wird von da aus verständlich, warum auch im Gottesdienst Segenshandlungen ganz unterschiedlich gelingen, obwohl die Worte und die Gebärden korrekt absolviert sind.

Schließlich wird es kein Zufall sein, daß auch in der Kirche beim Segnen bestimmte Körperpartien bevorzugt berührt werden. Dazu gehören der Scheitelbereich des Kopfes, die Stirn sowie, beim Sich-selber-Bekreuzigen, vertikale und horizontale Linien des Leibes. Warum das Segnen gerade an diesen Stellen vollzogen wird, darüber machen sich die theologischen Experten keine Gedanken. Erst wenn man religionswissenschaftliche Literatur zu Rate zieht, lernt man wahrzunehmen, daß nach der Anschauung anderer Kulturen in diesen Körperpartien Energiezentren lokalisiert sind, die durch gezielte Berührung und Bewegung aktiviert werden können. Ganz unbewußt wird diese alte Weisheit beim Akt des Segnens zur Übertragung heiliger Heilsmacht auch heute noch kirchlicherseits praktiziert.

Religion ist in mancher Hinsicht ein Handwerk. Was wir am Beispiel des Segnens erörtert haben, dürfte auch für viele andere Handlungsfelder der Kirche gelten. Der Umgang mit der Macht des Heiligen will und muß methodisch erfolgen. Sonst passiert in der Kirche entweder gar nichts, oder man muß mit pseudoreligiösen Mitteln eine Lebendigkeit schaffen, die auf ihre Art den süßen Wein von Unterhaltung und Ablenkung ausschenkt. Oder die Macht des Heiligen wird, wenn sich ihr Menschen ohne Anleitung, ohne den Schutz von Symbol und Ritual nähern, auch zerstörerisch wirken.

»Mose sprach: Laß mich deine Herrlichkeit sehen! Und er sprach: Ich will vor deinem Angesicht all meine Güte vorübergehen lassen und will vor dir kundtun den Namen des Herrn: Wem ich gnädig bin, dem bin ich gnädig, und wessen ich mich erbarme, dessen erbarme ich mich. Und er sprach weiter: Mein Angesicht kannst du nicht sehen; denn kein Mensch wird leben, der mich sieht. Und der Herr sprach weiter: Siehe, es ist ein Raum bei mir, da sollst du auf dem Fels stehen. Wenn dann meine Herrlichkeit vorübergeht, will ich dich in die Felskluft stellen und meine Hand über dir halten, bis ich vorübergegangen bin. Dann will ich meine Hand von dir tun, und du darfst hinter mir hersehen, aber mein Angesicht kann man nicht sehen« (2. Mose 33, 18–23).

Das Kreuz mit der Macht

Petrus ist durch seine Berufung in das Kreuzungsfeld widerstrebender Mächte geraten. Die Bindung an sein Amt trennt ihn von seiner Familie. Die Sendung in die Welt reißt ihn aus seinem Haus. Andere soll der Felsenmann mit seiner Botschaft stärken, er selber aber ist und bleibt ein schwächlicher Mann. In kritischen Situationen soll er den Sohn Gottes bekennen und den Verlockungen des Bösen widerstehen. Trotz aller Überlebensangst soll er das Vertrauen zur Rettungskraft Gottes bewahren. Der Gebrauch des Schwerts ist ihm untersagt, das Wort des Friedens befohlen. Menschen soll er für Gott gefangennehmen, aber seine Herrschaftswünsche werden vertröstet. Im Kreuzungsfeld zwischen Himmel und Erde, zwischen der Allmacht des Heiligen und den Machthabern auf dieser Erde, zwischen eigenen Wünschen und göttlichem Auftrag hat er zu wirken.

Kein Wunder, daß er sich in all diesen Spannungen ohnmächtig fühlt und daß er an seinen Möglichkeiten, auf das Leben anderer im Rahmen seines Auftrags Einfluß zu nehmen, verzweifelt. Er kann dann entweder an die Seite der Mächtigen fliehen und ihre Methoden der Menschenführung und Menschenbeherrschung für sich selbst übernehmen. Oder er kann sich für total überfordert erklären, Minderwertigkeitskomplexe entwickeln, in Selbstmitleid versinken und handlungsunfähig werden. Er kann sein Kreuz

mit der Macht von der Ohnmacht des Kreuzes her legitimieren.

Diese Haltung ist in der Kirche von heute sehr weit verbreitet. Die Angst vor der Macht verkriecht sich in den
Schatten des Kreuzes. Das Kreuz gilt dann als Ohnmachts-
symbol, als Stätte des Leidens, als Ort extremer Erniedri-
gung. Und Nachfolge Jesu bedeutet dann für die Gemeinde und für die Christ/innen, diesen Ursprungsort
göttlich-menschlicher Elendserfahrung nicht zu vermeiden
und nicht zu verlassen. Macht scheint dann vor allem deshalb verdammenswert, weil das Kreuz, dieses spezifisch
christliche Ursymbol, Ohnmacht als angemessene Lebens-
form definiert.

Zwei Voraussetzungen, die in dieser Anschauung stek-
ken, sind nicht zu halten. Weder ist das Kreuz ein Symbol,
das erst mit dem Christentum religiöse Bedeutung gewonnen hat, noch besteht die elementare Funktion dieses Sym-
bols allein in der Darstellung von Ohnmacht. Das Kreuz
erscheint in vielfachen Formen, in vielen Religionen. Und
immer stellt es auch den Schnittpunkt zwischen fundamentalen Spannungen dar, zwischen Himmelswelt und Unterwelt, zwischen Sonne und Erde, zwischen Leben und Tod.
Die Kreuzigung Jesu konnte auch deshalb als kosmisches
Ereignis verstanden werden, weil das Kreuz als Darstellung kosmischer Versöhnung verständlich war. Die historische Realität der Hinrichtung Jesu und die symbolische
Qualität seiner Hinrichtungsart sorgten dafür, daß in diesem Geschehen immer neue Bedeutungsvarianten entdeckt
werden konnten. Aus dem Ort politischer Ohnmacht
wurde ein Ereignis universaler Macht. Die Versöhnung
der Welt, die Sühne für alle Schuld, die Stellvertretung für
alle Strafe, die Erlösung aller Verlorenen, der Einbruch
der Ewigkeit, die Überwindung des Todes sind hier ge-

schehen. Das Kreuz wurde zur Mitte der Zeit und zum Sinn des Lebens, weil in der Kreuzigung Jesu die machtvolle Lösung aller Spannungen und Widersprüche des Lebens gelungen ist.

So wenig man Macht von den Mördern her definieren darf, so wenig darf man das Kreuz nur als Beweis für den Sieg von Sünde und Tod verstehen. Durch das Kreuz Jesu Christi ist die verdammte Macht regeneriert. Sie kann weiterhin zerstörerisch wirken, wie sich in den Kreuzzügen, in den Ketzerverbrennungen, in den Frömmigkeitsformen masochistischer Selbstzerfleischung gezeigt hat. Die Macht des Kreuzes kann dämonisiert werden, auch in der Kirche und durch die Kirche. Das Kreuz selbst aber will dem Heil und der Heilung dienen; denn es bildet, wie seine Gestalt besagt, die segensreiche Verbindung zwischen Himmel und Erde, zwischen Mensch und Mensch. Das Kreuz als Macht stellt den Kontakt mit dem Heiligen her und schafft eine Gemeinde, die alle sozialen Grenzmarkierungen überschreitet.

Petrus wird die Angst vor der Macht, die Flucht in die Ohnmacht oder den Griff zur Gewalt immer nur dann überwinden, wenn er die Macht des Kreuzes entdeckt. Sein Konkurrent und Todesgefährte Paulus bekam vom Auferstandenen selber zu hören: »Meine Kraft ist in den Schwachen *mächtig*« (2. Korinther 12,9). Und obwohl ihr Empfänger die Parole im militärischen und politischen Sinn mißverstanden hat, bleibt das Wort, das Konstantin übermittelt wurde, auf jeden Fall wahr: »In diesem Zeichen wirst du siegen!«

ANMERKUNGEN

Petrus – die Macht

1 H. Belting, Bild und Kult. Eine Geschichte des Bildes vor dem Zeitalter der Kunst, München 1990, 162.
2 Vgl. die ausführliche Übersicht bei W. Braunfels, Art. »Petrus Apostel«, LCI 8, Freiburg 1990, 158 ff.
3 S. Krahe, Das riskierte Ich. Paulus aus Tarsus – Ein biographischer Roman, München 1991, 115.
4 A. a. O. 122 f.
5 E. H. Kantorowicz, Die zwei Körper des Königs. Eine Studie zur politischen Theologie des Mittelalters, dtv wissenschaft 4465, München 1990, 69.
6 A. a. O. 70 f.
7 A. a. O. 176.
8 Wesentliche Beiträge aus der Philosophiegeschichte bei P. Kondylis (Hg.), Der Philosoph und die Macht. Eine Anthologie, Hamburg 1992. Zur theologischen Diskussion vgl. jetzt D. Lange, Ethik in evangelischer Perspektive. Grundfragen christlicher Lebenspraxis, Göttingen 1992, bes. 322 ff.
9 Im Anschluß an D. Goetze kennzeichnet I. Eibl-Eibesfeldt, Die Biologie des menschlichen Verhaltens. Grundriß der Humanethologie, München 1984, 405 f., die charismatische Persönlichkeit mit den Begriffen des Mirum, des Tremendum, des Fascinans, der Majestas und des Energicum.
10 E. Drewermann, Kleriker. Psychogramm eines Ideals, dtv Sachbuch 11443, München 1991, 188.
11 A. a. O. 228.
12 A. a. O. 240.
13 A. a. O. 429.
14 A. a. O. 479.
15 Der Beleg aus der »Göttlichen Komödie« bei E. H. Kantorowicz, a. a. O. 447.
16 B. Malinowski, Die Kunst der Magie und die Macht des Glaubens, in: L. Petzoldt (Hg.), Magie und Religion. Beiträge zu einer Theorie der Magie, Darmstadt 1978, 104.
17 Ebd.

18 E. Pettersson, Magie – Religion. Einige Randbemerkungen zu einem alten Problem, in: L. Petzoldt (Hg.), Magie und Religion, a. a. O. 321.

19 L. Schottroff, Sucht mich bei meinen Kindern. Bibelauslegung im Alltag einer bedrohten Welt, München 1986, 47.

20 A. a. O. 50.

21 A. a. O. 55.

22 L. Schottroff, Über Herrschaftsverzicht und den Dienst der Versöhnung, in: Schottroff, L. und W., Die kostbare Liebe zum Leben. Biblische Inspirationen, München 1991, 134.

23 L. Schottroff, Die befreite Eva. Schuld und Macht der Mächtigen und Ohnmächtigen nach dem Neuen Testament, in: Chr. Schaumberger / L. Schottroff, Schuld und Macht. Studien zu einer feministischen Befreiungstheologie, München 1988, 97.

24 A. a. O. 109.

25 A. a. O. 123.

26 Y. Spiegel, Glaube wie er leibt und lebt. Teil 2: Gottes-Bilder von Herrschaft und Liebe, München 1984, 29.

27 A. a. O. 132.

28 A. a. O. 141.

29 D. Sölle, Leiden, Stuttgart 1973, 35.

30 J. Moltmann, Der gekreuzigte Gott. Das Kreuz Christi als Grund und Kritik christlicher Theologie, München 1972, 201.

31 A. a. O. 232.

32 A. a. O. 233.

33 K. Wengst, Handeln aus Ohnmacht. Erfahrungen von Niederlagen und Aspekte des Umgangs mit ihnen im Neuen Testament, Einwürfe 5, München 1988, 41.

34 A. a. O. 67 f.

35 K. Wengst, Die Macht des Ohnmächtigen. Versuche über Kreuz und Auferstehung, Einwürfe 5, München 1988, 162.

36 A. a. O. 169.

37 A. a. O. 178.

38 Ebd.

39 E. Canetti, Masse und Macht, Fischer Taschenbuch 6544, Frankfurt 1980, 313.

40 Ähnlich definiert D. McClelland, Macht als Motiv. Entwicklungswandel und Ausdrucksformen, Stuttgart 1978, 20, Macht als »Bestreben, Einfluß auszuüben«.

41 Vgl. den informativen Überblick bei H. Strotzka, Macht. Ein psychoanalytischer Essay, Geist und Psyche 42303, Frankfurt 1988.

42 F. Nietzsche, Aus dem Nachlaß der Achtzigerjahre, Werke ed. K. Schlechta III, München 1966, 857.

43 A. a. O. 480.

44 Am deutlichsten ist das formuliert in dem Satz von P. Tillich, Systematische Theologie III, Stuttgart 1966, 437, »daß, da Gott als die Macht des Seins die Quelle jeder einzelnen Seinsmacht ist, Macht ihrem Wesen nach göttlich ist«.

Das Netz

1 D. Rössler, Grundriß der Praktischen Theologie, Berlin 1986, 81.

2 A. a. O. 79.

3 A. a. O. 82.

4 A. Loisy, Evangelium und Kirche, München 1904, 112 f.

Der Fels

1 G. Becker, Die Ursymbole in den Religionen, Graz 1987, 159.

2 U. Luz, Das Evangelium nach Matthäus, 2. Teilband, Neukirchen 1990, 463.

3 R. Baumann, Fels der Kirche. Kirche des Evangeliums und Papsttums, Tübingen 1956, 19.

4 A. a. O. 61.

5 Vgl. M. L. Moeller, Der Krieg, die Lust, der Frieden, die Macht, Reinbek 1992, 242, der die tiefste Tendenz des Machtstrebens mit den Worten charakterisiert: »Mehr als unsterblich: sich selbst überleben«.

6 K. Barth, Die Kirchliche Dogmatik IV/2, Zürich 1955, 760 f.

7 M. Luther, Der Große Katechismus, Siebenstern-Taschenbuch 7, München 1964, 22.

8 A. a. O. 23.

Die Schlüssel

1 Die Bekenntnisschriften der evangelisch-lutherischen Kirche, 3. Auflage, Göttingen 1956, 452.

2 A. a. O. 291.

3 U. Luz, Das Evangelium nach Matthäus, 2. Teilband, Neukirchen 1990, 465.

4 J. Gnilka, Das Matthäus-Evangelium, Band 2, Freiburg 1988, 64.

5 Vgl. die pietistische Modellierung der Person bei M. Scharfe, Die Religion des Volkes. Kleine Kultur- und Sozialgeschichte des Pietismus, Gütersloh 1980, 48 ff. Aber natürlich gibt es auch in der Gegenwart fixierte Verhaltens- und Kleidungsmuster in den verschiedenen kirchlichen Gruppen und theologischen Schulen.

6 Vgl. T. Moser, Gottesvergiftung, Frankfurt 1976.

7 Zur Bedeutung von A. Schweitzer für die gegenwärtige Diskussion vgl. M. Josuttis, Glaubenskampf und Lebenstrieb, in: Der Kampf des Glaubens im Zeitalter der Lebensgefahr, München 1987, 31 ff.

8 Vgl. H. Jonas, Das Prinzip Verantwortung. Versuch einer Ethik für die technologische Zivilisation, suhrkamp taschenbuch 1085, Frankfurt 1984.

9 G. Kepel, Die Rache Gottes. Radikale Moslems, Christen und Juden auf dem Vormarsch, München 1991, 271 f.

Das Wasser

1 U. Luz, Das Evangelium nach Matthäus, 2. Teilband, Neukirchen 1990, 406.

2 Zitiert nach U. Luz, a. a. O. 410.

3 Vgl. B. Grunberger, Vom Narzißmus zum Objekt, suhrkamp taschenbuch wissenschaft 392, Frankfurt 1982, 127: »Das ›ozeanische Gefühl‹ von Romain Rolland existiert wirklich; er wäre jedoch sicherlich erstaunt, würde er erfahren, daß der fragliche Ozean sich auf wenige Kubikzentimeter Fruchtwasser beschränkt.«

4 G. M. Martin, Weltuntergang. Gefahr und Sinn apokalyptischer Visionen, Stuttgart 1984, 81.

5 W. Marhold, Fragende Kirche. Über Methode und Funktion kirchlicher Meinungsumfragen, München 1971, 160.

6 A. a. O. 168.

7 H. Hild (Hg.), Wie stabil ist die Kirche? Bestand und Erneuerung, Gelnhausen–Berlin 1974, 7.

8 A. a. O. 26.

9 A. a. O. 288. Latente Austrittsbereitschaft auf breiter Front, nämlich bei ca. 15 % der evangelischen Kirchenmitglieder, hat auch DER SPIEGEL im Frühjahr 1992 ermittelt.

10 Vgl. Deutsches Pfarrerblatt 91, 1991, 429: »Der Beruf des Pfarrers hat in Deutschland einen starken Ansehensverlust erlitten. Nach einer Repräsentativumfrage des Emnid-Institutes (Bielefeld) rangieren Geistliche nicht mehr unter den ›Top Ten‹ der Prestige-Skala. Sie sind in Westdeutschland auf den zwölften Platz unter 25 Berufsgruppen abgerutscht und teilen sich diesen Rang mit den Computerfachleuten. 1987 lagen die Pfarrer noch an fünfter Position. Im Osten Deutschlands genießen die Frauen und Männer im Talar ein noch weit niedrigeres Ansehen. Dort befinden sie sich an 19. Stelle, obwohl Pfarrer vielerorts maßgeblich zur politischen Wende 1989 in der DDR beigetragen haben.«

11 G. Harbsmeier, Wie labil ist die Kirche?, in: Anstöße. Theologische Aufsätze aus drei Jahrzehnten, Göttingen 1977, 352.

12 A. a. O. 351.

13 A. a. O. 352.

Das Schwert

1 E. Haenchen, Der Weg Jesu. Eine Erklärung des Markus-Evangeliums und der kanonischen Parallelen, Berlin 1966, 498.

2 H.-D. Kahl, Die ersten Jahrhunderte des missionsgeschichtlichen Mittelalters, in: Kirchengeschichte als Missionsgeschichte II,1, München 1978, 41.

3 A. a. O. 72.

4 Vgl. N. Cohn, Das Ringen um das Tausendjährige Reich. Revolutionärer Messianismus im Mittelalter und sein Fortleben in modernen totalitären Bewegungen, Bern–München 1961.

5 M. Weber, Wirtschaft und Gesellschaft. Grundriß der verstehenden Soziologie I, 4. Auflage, Tübingen 1956, 301 f.

6 Die Bekenntnisschriften der evangelisch-lutherischen Kirche, 3. Auflage, Göttingen 1956, 120.

7 M. Luther, Ob Kriegsleute auch im seligen Stande sein können, LTA 5, Berlin 1982, 155.

8 M. Luther, Von weltlicher Obrigkeit, wie weit man ihr Gehorsam schuldig sei, LTA 5, Berlin 1982, 118.

9 A. a. O. 155.

10 Ebd.

11 Einen solchen Traum pastoraler Grandiosität habe ich interpretiert in: M. Josuttis, Der Traum des Theologen. Aspekte einer zeitgenössischen Pastoraltheologie II, München 1988, 11 ff.

211

12 E. Lohmeyer, Das Evangelium nach Markus, Göttingen 1954, 322.

13 G. Duby, Die drei Ordnungen. Das Weltbild des Feudalismus, suhrkamp taschenbuch wissenschaft 596, Frankfurt 1986, 205 f.

14 Zu den Einzelheiten vgl. H. Hoffmann, Gottesfriede und Treuga Dei, Stuttgart 1964.

15 P. M. Zulehner, Pastorale Futurologie, Pastoraltheologie 4, Düsseldorf 1990, 243 ff.

16 M. Luther, a. a. O. 185.

17 A. a. O. 186.

18 W. Sommer, Gottesfurcht und Fürstenherrschaft. Studien zum Obrigkeitsverständnis Johann Arndts und lutherischer Hofprediger zur Zeit der altprotestantischen Orthodoxie, Göttingen 1988, 251.

19 A. a. O. 301.

Der Thron

1 C. Lévi-Strauss, Strukturale Anthropologie, suhrkamp taschenbuch 15, Frankfurt 1967, 322.

2 Vgl. G. Bornkamm, Der Lohngedanke im Neuen Testament, in: Studien zu Antike und Christentum. Gesammelte Aufsätze II, München 1963, 69 ff.

3 M. Luther, Fastenpostille, WA 17/II, 6.

4 A. Stein, Evangelisches Kirchenrecht. Ein Lehrbuch, Neuwied 1980, 105.

5 Zu den innerkirchlichen Schwierigkeiten auf diesem Feld vgl. M. Klessmann, Ärger und Aggression in der Kirche, Göttingen 1992.

6 I. Eibl-Eibesfeldt, Die Biologie des menschlichen Verhaltens. Grundriß der Humanethologie, München 1984, 387.

7 Zu den Einzelheiten vgl. M. Josuttis, Der Weg in das Leben. Eine Einführung in den Gottesdienst auf verhaltenswissenschaftlicher Grundlage, München 1991, 109 ff.

8 Vgl. H.-W. Heidland. Das Verkündigungsgespräch, Stuttgart 1969.

9 Zitiert nach: Luthers Werke in Auswahl VII, Predigten, Berlin 1950, 35.

10 M. Luther, WATR 3, 75, Nr. 2911 b.

11 Luthers Werke in Auswahl VII, a. a. O. 24.

12 E. Drewermann, Kleriker. Psychogramm eines Ideals, Olten 1989, 188. Wie gewalttätig man mit pseudoreligiösen Mitteln in das Leben

von Menschen eingreifen kann, zeigt J. Herrmann (Hg.), Mission mit allen Mitteln. Der Scientology-Konzern auf Seelenfang, Reinbek 1992.

Die Hütte

1 U. Luz, Das Evangelium nach Matthäus, 2. Teilband, Neukirchen 1990, 511.
2 E. Drewermann, Das Markus-Evangelium, Erster Teil, 6. Auflage, Olten 1990, 98.
3 Ebd.
4 A. a. O. 100. Zur hermeneutischen Problematik vgl. G. Lüdemann, Texte und Träume. Ein Gang durch das Markus-Evangelium in Auseinandersetzung mit Eugen Drewermann, Göttingen 1992.
5 E. Norman, Das Haus Gottes. Die Geschichte der christlichen Kirchen, Stuttgart 1990.
6 Zum Folgenden vgl. M. Josuttis, Der Weg in das Leben. Eine Einführung in den Gottesdienst auf verhaltenswissenschaftlicher Grundlage, München 1991, 162 ff.

Der Friede

1 U. Luz, Das Evangelium nach Matthäus, 2. Teilband, Neukirchen 1990, 101.
2 Ebd.
3 Christsein gestalten. Eine Studie zum Weg der Kirche. Herausgegeben vom Kirchenamt im Auftrag des Rates der Evangelischen Kirche in Deutschland, Gütersloh 1986, 40.
4 A. a. O. 46.
5 A. a. O. 47.
6 A. a. O. 80.
7 A. a. O. 45.
8 A. a. O. 46.
9 A. a. O. 75.
10 Vgl. die Zusammenstellung entsprechender Aussagen bei T. D. Kind, Verhaltensänderung in der Gruppenarbeit. Dargestellt an den Konzepten von Kurt Lewin und Frank Buchman, Theol. Diss. Göttingen 1991, 92 ff.

11 Th. W. Adorno und Mitarbeiter wollten mit den »Studien zum autoritären Charakter« die Anfälligkeit bestimmter Charakterstrukturen für faschistische Propaganda verständlich machen (vgl. das Vorwort von L. von Friedeburg in der deutschsprachigen Ausgabe, suhrkamp taschenbuch 107, Frankfurt 1973, X f.); das EKD-Dokument kehrt die damals gewonnenen Einsichten tendenziell gegen alle, die in politischen oder kirchlichen Streitfragen eindeutige Positionen beziehen.

12 Christsein gestalten, a. a. O. 74.

13 G. Theißen, Soziologie der Jesusbewegung. Ein Beitrag zur Entstehungsgeschichte des Urchristentums, 5. Auflage, München 1988, 20 f.

14 Vgl. T. Wilke, Lebensnotwendiger Selbstmord, DIE ZEIT Nr. 47, 13. 11. 1992, 51: »Wenn eine Raupe sich verpuppt, müssen alle Zellen sterben, die der Schmetterling nicht braucht. Unser Körper eliminiert jeden Tag mehrere Milliarden Immunzellen, weil er sie nicht benötigt. Ähnliche Prozesse finden bei allen Lebewesen statt. Auch die menschliche Embryoentwicklung und die Reifung unseres Gehirns erfordern den Tod eines Teils von uns. Dieser Vorgang, Apoptose genannt, ist jedoch kein unkontrollierter Zerfall, sondern ein aktiver und wohlgeordneter Abbauprozeß.«

15 Agende für evangelisch-lutherische Kirchen und Gemeinden III, Berlin 1964, 25.

16 Die Agende für evangelisch-lutherische Kirchen und Gemeinden III/1, 1988, 121, sieht diese Absage als Möglichkeit nur bei der Taufe eines Erwachsenen vor.

17 H.-G. Stobbe, Umkehr und Widerstand. Der konziliare Prozeß als ökumenischer Lernprozeß, in: M. Schibilsky/U. Schlüter/H.-G. Stobbe (Hg.), Gerechtigkeit–Frieden–Bewahrung der Schöpfung. Ein Werkbuch für die Gemeinde, Düsseldorf 1990, 31 ff. Mit freundlicher Genehmigung des Patmos Verlags, Düsseldorf.

Der Hahn

1 W. Grundmann, Das Evangelium nach Markus, 6. Auflage, Berlin 1973, 304.

2 Im Blick auf die Person des Petrus hat das herausgearbeitet G. Klein, Die Verleugnung des Petrus. Eine traditionsgeschichtliche Untersuchung, in: Rekonstruktion und Interpretation. Gesammelte Aufsätze zum Neuen Testament, München 1969, 49 ff.

3 Vgl. E. Drewermann, Das Markus-Evangelium. Zweiter Teil, Olten 1988, 557: »Wozu ist ein Mensch imstande, wenn ihn die Angst überfällt? Gibt es irgendeine Gemeinheit, die Menschen nicht begehen würden, um ihre nackte Haut zu retten? Sind wir am Ende nicht fähig zu verleugnen, was uns heilig war, und es schließlich sogar zu verfluchen, weil es uns in tödliche Gefahr zu bringen droht? Geschüttelt von Angst, können wir dahin gelangen, zu hassen, was uns eigentlich am Herzen liegt, und die Heftigkeit, mit der wir es verwünschen, entspricht dabei sogar der Heftigkeit, mit der wir uns selbst hassen unserer Feigheit wegen. Alles ist ambivalent, alles ist dialektisch, solange wir Sklaven der Angst sind. Nicht der ›Verrat‹ des Petrus ist erschütternd. Erschütternd ist, was unter der Beteuerung unserer Treue tief verborgen in uns wohnen kann, unbemerkt von uns selber und überraschend für die anderen. Erschütternd ist die tiefe innere Zwiespältigkeit und Widersprüchlichkeit, die in uns liegt, gerade, wenn wir uns aus Angst dem Guten zuwenden.«

4 P. Gerlach, Art. »Hahn«, Lexikon der christlichen Ikonographie 2, Freiburg 1990, 208.

5 K. Barth, Die kirchliche Dogmatik II/2, Zürich 1948, 535.

6 A. a. O. 543.

7 B. Hägglund, Geschichte der Theologie, München 1983, 17 f.

8 F.-W. Marquardt, Das christliche Bekenntnis zu Jesus, dem Juden. Eine Christologie, Band 2, München 1991, 236 f.

9 Selbst H. Wolff, Jesus der Mann. Die Gestalt in tiefenpsychologischer Sicht, 10. Auflage, Stuttgart 1990, die diesen Mechanismus theoretisch reflektiert, verfällt ihm beim praktischen Entwurf ihres Jesus-Bildes.

10 D. Bonhoeffer, Widerstand und Ergebung. Briefe und Aufzeichnungen aus der Haft, München 1951, 248 f.

11 A. a. O. 248.

12 Vgl. die empirische Studie von D. Engels, Religiosität im Theologiestudium, Stuttgart 1990.

Der Wein

1 M. Dibelius, Die Reden der Apostelgeschichte und die antike Geschichtsschreibung, in: Aufsätze zur Apostelgeschichte, Göttingen 1951, 142.

2 J. Moltmann, Kirche in der Kraft des Geistes. Ein Beitrag zur messianischen Ekklesiologie, München 1975, 52.

3 R. Bohren, Predigtlehre, München 1971, 73.

4 J. Moltmann, a. a. O.

5 W. J. Hollenweger, Geist und Materie. Interkulturelle Theologie III, München 1988, 302.

6 P. Althaus, Die Theologie Martin Luthers, Gütersloh 1962, 47.

7 Vgl. M. Eliade, Schamanismus und archaische Ekstasetechnik, suhrkamp taschenbuch wissenschaft 126, Frankfurt 1975.

8 Vgl. K. E. Müller, Das magische Universum der Identität. Elementarformen sozialen Verhaltens – Ein ethnologischer Grundriß, Frankfurt 1987, 220 ff.

Für eine Neuorientierung des Christentums.

Der Kosmische Christus wird einen Wandel der Herzen herbeiführen, einen Wandel der Kultur und der Lebensweise. Er wird den Weg weisen zu einer vertieften Sexualität, zu einer tiefen Verbundenheit zwischen Alten und Jungen, zu einer vertieften Kreativität in Lebensstil, Arbeit und Bildung, zu einem vertieften Gottesdienst und zu einem Zusammenwirken aller Religionen auf diesem Planeten.

Matthew Fox
Vision vom Kosmischen Christus
Aufbruch ins dritte Jahrtausend
400 Seiten. Hardcover

»Schamanismus ist meine Mutter, das Christentum mein Vater. Ich bin ein neues Kind daraus.«

Chung Hyun Kyung

Seit Frau Chung im Februar 1991 bei der Vollversammlung des Ökumenischen Weltkirchenrates die Weltbühne betrat und das Foto von ihrem Feuertanz um die Welt ging, gilt die südkoreanische Theologin als eine Identifikationsgestalt für Frauen der ganzen Welt. Und als »gefährlich«, weil sie urwüchsige Traditionen Asiens in ihre christliche Spiritualität einbezieht.

Chung Hyun Kyung
**Schamanin im Bauch –
Christin im Kopf**
Frauen Asiens im Aufbruch
Reihe KREUZ ENTWÜRFE
340 Seiten, Paperback

KREUZ: Was Menschen bewegt.

Stellt euch vor, es ist Kirche, und alle machen mit.

Die Nachzeichnung der geistigen Suche des Autors, der sich zunächst den Naturreligionen und der Esoterik zugewandt hat, bis ihm seine Verwurzelung im Christentum bewußt wurde. Seine Frage nach der ursprünglichen Spiritualität des Christentums drückt aus, was viele religiöse Menschen in und außerhalb der Kirchen heute empfinden. Wichmanns persönliche Konsequenz macht dieses Buch zu einer aufregenden Lektüre.

»Theologische Fragen nach Gott, der Erlösung, der Kirche werden aufgeworfen. Vom Schwärmertum zum gläubigen Realismus könnte man diesen Weg beschreiben, ohne daß dabei mystische Weite und Tiefe aufgegeben werden. Es ist ein tröstliches Buch, vor allem auch für solche, die an der Kirche leiden.«   *Christ in der Gegenwart*

Jörg Wichmann
Rückkehr von den fremden Göttern
Wiederbegegnung mit meinen
ungeliebten christlichen Wurzeln
160 Seiten,
Hardcover mit Schutzumschlag

KREUZ: Was Menschen bewegt.

Gottes Liebe neu feiern:

Der bekannte Theologe Jörg Zink und der Konzert-Flötist Hans-Jürgen Hufeisen laden uns ein, das Leben vor Gott mit neuen Liedern, Tänzen, Gebeten und Lesungen aus der Bibel zu feiern – ob im Freien in kleinen Gruppen, auf Tagungen oder in Kirchen. Das Buch enthält acht in sich geschlossene Vorschläge mit Noten: Morgengebet, Mittagsgebet, Abendgebet, Abendgebet im Advent, Abendgebet in der Passionszeit, Ostermorgen, Pfingstzeit, Gottesdienst im Grünen. Begleitend zum Buch im Buchhandel erhältlich: Doppel-LP, -MC und -CD, Faltblätter mit Noten zu den einzelnen Liturgien, eine Playback-CD zum Mitsingen und eine Notenausgabe mit Einzelstimmen.

»Daß bei dieser hochkarätigen Zusammenarbeit (Zink/Hufeisen) eigentlich nur Vorzügliches herauskommen konnte, war fast zu erwarten. Der Kreuz Verlag hat hiermit einen beachtenswerten Impuls gegeben, der eine echte Alternative zu den grassierenden esoterischen Musikproduktionen darstellt.«   *Bayerisches Sonntagsblatt*

Jörg Zink und
Hans-Jürgen Hufeisen
Wie wir feiern können
Lieder, Psalmen, Gebete und Tänze
zu Tages- und Festzeiten,
*160 Seiten, mit Abbildungen,
Hardcover mit Schutzumschlag*

KREUZ: Was Menschen bewegt.